高职院校劳动教育理论与实践
——成都职业技术学院劳动教育体系研究

张开江 李丹 姚任均 赵晓丹 ◎ 著

西南交通大学出版社
·成 都·

图书在版编目（CIP）数据

高职院校劳动教育理论与实践：成都职业技术学院劳动教育体系研究 / 张开江等著. —成都：西南交通大学出版社，2022.12
　ISBN 978-7-5643-9048-8

Ⅰ. ①高⋯　Ⅱ. ①张⋯　Ⅲ. ①劳动教育 – 教学研究 – 高等职业教育　Ⅳ. ①G40-015

中国版本图书馆 CIP 数据核字（2022）第 232062 号

Gaozhi Yuanxiao Laodong Jiaoyu Lilun yu Shijian
——Chengdu Zhiye Jishu Xueyuan Laodong Jiaoyu Tixi Yanjiu

高职院校劳动教育理论与实践
——成都职业技术学院劳动教育体系研究

张开江　李　丹　姚任均　赵晓丹　著

责任编辑	罗爱林
封面设计	墨创文化
出版发行	西南交通大学出版社 （四川省成都市金牛区二环路北一段 111 号 西南交通大学创新大厦 21 楼）
发行部电话	028-87600564　028-87600533
邮政编码	610031
网　　址	http://www.xnjdcbs.com
印　　刷	四川煤田地质制图印刷厂
成品尺寸	170 mm × 230 mm
印　张	9.5
字　数	139 千
版　次	2022 年 12 月第 1 版
印　次	2022 年 12 月第 1 次
书　号	ISBN 978-7-5643-9048-8
定　价	48.00 元

图书如有印装质量问题　本社负责退换
版权所有　盗版必究　举报电话：028-87600562

PREFACE 序言

中国共产党自建党以来,始终坚持马克思主义劳动观,高度重视劳动教育,先后经历了新民主主义革命时期的萌芽发展、社会主义革命和建设时期的曲折探索、改革开放和社会主义现代化建设新时期的稳步发展、中国特色社会主义新时代的创新发展等四个阶段。中国共产党始终把劳动教育的政治性作为关键点,把劳动教育的时代性作为切入点,把劳动教育的实践性作为着力点,把劳动教育的育人实效作为落脚点,不断增强劳动教育在促进社会变革、加快教育现代化发展方面的作用和功能。

党的十八大以来,习近平总书记高度重视劳动教育,并将其提升至国家战略层面,形成了系统科学、内涵丰富的新时代劳动教育观。2020年3月,中共中央、国务院发布《关于全面加强新时代大中小学劳动教育的意见》明确指出"劳动教育是中国特色社会主义教育制度的重要内容",要"把劳动教育纳入人才培养全过程,贯通大中小学各学段,贯穿家庭、学校、社会各方面,与德育、智育、体育、美育相融合,紧密结合经济社会发展变化和学生生活实际,积极探索具有中国特色的劳动教育模式,创新体制机制,注重教育实效,实现知行合一,促进学生形成正确的世界观、人生观、价值观"。习近平总书记关于劳动教育的系列重要讲话以及党和国家关于劳动教育的政策文件,为高职院校劳动教育的理论研究和实践探索指明了方向。

成都职业技术学院自2011年推行劳动教育试点改革至今,经过10多年的探索实践,针对职业院校劳动教育实践管理不健全、课程设置不丰富、实践场地不多元、师资结构不均衡、考核评价不系统等问题,创新构建了职业特色鲜明的劳动教育"成职模式",形成了"以劳育人 以行铸魂"成都职业技术学院劳动教育育人体系。学校先后出台劳动教育试点改革、全面推进、提质培优方案3个;创新构建"一加强两融合三服务"劳动教育课程体系、劳动教育实践过程量化的考核评价体系;创新建设校内外劳动教育实践基地10余个。

本著作是成都职业技术学院劳动教育的又一阶段性成果,全面梳理了建党百年来我国劳动教育的历史变迁、新时代劳动教育的时代背景、时代价值和时代内涵,全方位、多角度、大范围、宽领域分析了高职院校关于劳动教育的实施现状,并根据高职院校开展劳动教育的困境归因提出了优化策略;系统总结了学院劳动教育实践体系、课程体系、评价体系、实践基地建设等经验做法和典型案例,为高职院校劳动教育的实践探索提供有效参考。

本著作是由成都职业技术学院党委副书记张开江总体设计,撰写第一章、第二章共计8万字;李丹撰写第四章4万字;姚任均、赵晓丹撰写第三章,各完成2万字。在编写过程中得到了成都职业技术学院党政班子高度重视,各职能处室领导和同仁的大力支持帮助,就此机会,谨向付出了艰辛劳动的全体编写人员致以崇高的敬意,向为此书提供资料的各界人士表示衷心的感谢。

由于时间仓促,加之编写人员的水平有限,书内难免有挂一漏万之处,欢迎各位读者和同行批评指正,非常感谢。

编者

2022年3月

目 录 CONTENTS

- 001 **第一章 中国共产党百年来劳动教育的历史演变**
- 002 　第一节　中国共产党百年来劳动教育的发展历程
- 015 　第二节　中国共产党百年来劳动教育历史变迁的特征
- 019 　第三节　中国共产党百年来劳动教育发展的基本经验
- 025 　第四节　中国共产党百年来劳动教育探索的现实启迪

- 029 **第二章 新时代劳动教育的时代意蕴**
- 030 　第一节　新时代劳动教育提出的时代背景
- 034 　第二节　新时代劳动教育的时代价值
- 046 　第三节　新时代劳动教育的时代内涵

- 057 **第三章 高职院校劳动教育的实施现状及优化策略**
- 058 　第一节　高职院校劳动教育的实施现状
- 071 　第二节　高职院校劳动教育的困境归因
- 079 　第三节　高职院校劳动教育的优化策略

- 101 **第四章 成都职业技术学院劳动教育的实践探索**
- 102 　第一节　"以劳育人 以行铸魂"劳动教育实践体系
- 108 　第二节　"一加强两融入三服务"劳动教育课程体系
- 120 　第三节　劳动教育实践过程量化的考核评价体系
- 129 　第四节　成都职业技术学院劳动教育实践基地建设
- 132 　第五节　打造中华传统美德服务型学习体系

- 141 **参考文献**

第一章
中国共产党百年来劳动教育的历史演变

劳动教育承载着新时代人才培养的历史使命,是全面提升人的综合素质的重要内容,是实现立德树人的重要组成部分,对培养德智体美劳全面发展的社会主义建设者和接班人具有重要的里程碑意义。中国共产党建党百年以来,劳动教育政策经历了一个不断发展的历史演进过程,本书系统梳理了中国共产党成立以来劳动教育在不同历史时期的政策演进和劳动教育的发展经验,为深化新时代我国劳动教育的实施路径提供借鉴。

第一节 中国共产党百年来劳动教育的发展历程

中国共产党自建党以来,始终坚持马克思主义劳动观,高度重视劳动教育。劳动教育先后经历了新民主主义革命时期的萌芽发展、社会主义革命和建设时期的曲折探索、改革开放和社会主义现代化建设新时期的稳步发展、中国特色社会主义新时代的创新发展等四个阶段。中国共产党始终将把握劳动教育的政治性作为关键点,将契合劳动教育的时代要求作为切入点,将扎实推动劳动教育的实践作为着力点,将实现劳动教育的育人功能作为落脚点,为劳动教育的继续发展提供了宝贵经验。

一、新民主主义革命时期劳动教育的萌芽发展

中国共产党成立初期,团结和带领全国各族人民致力于实现民族独立和人民解放浴血奋战,一直将教育作为革命斗争的重要武器。在新民主主义革命时期,教育遵循脑力结合体力、理论联系实际的原则,这一时期的劳动教育处于萌芽期。

(一)劳动教育重要理念的提出

为了实现社会主义和共产主义的奋斗目标,中国共产党自成立之后就将教育作为革命斗争的重要手段和武器,并尤为强调教育与劳动的结合,以唤醒民众意识,积极投身革命。1918年,李大钊同志在北京发表名为"庶民的胜利"的演讲,认为"须知今后的世界,变成劳工的世界"[①],强调广大的劳苦大众有接受教育的权利,希望以教育开启民智。1921年,党的第一次全国代表大会提出党的基本任务是成立产业工会,党应在工会里灌输阶级斗争的精神,且所

---

① 李大钊.李大钊选集[M].北京:人民出版社,1959:109.

有产业部门均应设立工人学校来提高工人的觉悟,《关于中国共产党任务的第一个决议》提出要建立产业协会、组织工会,提高工人的觉悟,为实践中践行"教劳结合"做好思想上的准备。这一时期,虽然没有明确地提出的思想纲领,但随着工读运动的不断发展,不同形式的工读结合思想开始出现,读书和运动不断结合,教劳结合的思想内涵不断丰富,这为劳动教育思想的确立奠定了基础。

(二)劳动教育方针的基本确立

1921年7月,中国共产党成立初期,在党的教育纲领文献中虽然没有关于劳动教育的明确表述,但在教育实践方面却体现了教育必须贯彻体力劳动和脑力劳动相结合、理论必须联系实际的方针。如在1921年8月,毛泽东等人创办"湖南自修大学",在其大纲中规定:"本大学学友为破除文弱之习惯,图脑力与体力之平均发展,并求知识与劳力两阶级之接近,应注意劳动。"①苏维埃时期,为了发展生产以保护和巩固革命政权,党的教育方针坚持教育与生产劳动相结合。1932年5月,湘鄂省苏维埃政府训令规定:"教育与工业生活农业生活结合,即劳动与教育结合,劳心与劳力结合,理论与实际结合……"②中国工农革命时期,中华苏维埃政府将马克思主义教育思想与中国共产党革命斗争以来所获得的有益经验进行有力整合,"教育与生产劳动相结合"这一基本原理被贯彻到苏区的生产建设与文化建设中③,并且边区各根据地举办的中小学教育基本都包含劳动教育内容。1934年,第二次全国苏维埃代表大会通过《中华苏维埃共和国宪法大纲》。该大纲第十二条明确提出"中华苏维埃政权以保证工农劳苦民众有受教育的权利为目的"④。毛泽东同志更是明确提出苏

---

① 陈元晖.中国现代教育史[M].北京:人民教育出版社,1979:66.
② 李蔺田,王萍.中国职业技术教育史[M].北京:高等教育出版社,1994:226.
③ 周继良,吴肖.寻根问路:中国共产党对高校劳动教育的百年探索与经验启示[J].重庆高教研究,2021(5):3-16.
④ 中共中央文献研究室.建党以来重要文献选编:一九二———一九四九:第11册[M].北京:中央文献出版社,2011:159.

区的教育方针在于将教育和劳动联系起来,并在《文化工作中的统一战线》一文中指出,农民的教育形式和内容应该更灵活更贴合生活实际。①一方面,妇女劳动学校、劳动补习学校、劳动学院的创办,有力地推动了教育和劳动的结合;另一方面,冀鲁豫、晋察冀、陕甘宁边区在考虑农村农民的实际情况下,编写种植技术、农业知识等识字读本,激发农民的学习热情,促进农民劳动与教育相结合。

(三)劳动教育实践的展开

第一次国共合作期间,虽然新学制改革和学校教育发展有了初步成效,但仍不能满足觉醒了的广大工农群众对知识学习的要求。在延续"工读"思想的基础上,中国共产党先后办起一批农民学习、工人补习和培养革命干部的教育单位,积极探索劳动教育的具体实践形式。

抗日战争时期,知识分子和青年学生参与生产劳动,与中国共产党领导的八路军、新四军一并在劳动实践中接受教育,既坚定了抗战的决心与信心,又为抗战储备了物质资料。1939年,毛泽东同志在纪念五四运动二十周年大会上高度肯定了延安青年的团结和统一,并为延安青年运动的发展指明了方向,鼓励延安青年用生产劳动去开发千万亩荒地。②"自己动手,丰衣足食"的号召得到充分响应,各根据地的军民纷纷投入生产运动,在生产自救中锤炼体格、磨炼意志,为前线斗争和根据地建设提供物质支援,从而为抗日战争的最后胜利打下坚实基础。1941年,中共中央颁布的《关于延安干部学校的决定》中规定,凡带专门性质的学校(如师范教育)应以学用一致为原则,课程设置要重视联系实际,安排各种校外实习活动。其中,延安大学规定教员和职员必须参加开荒种地、养猪、织布等生产劳动,学员参加生产劳动的时间不少于学习总时数的20%。③1944年,《文化工作中的统一战线》提出,在教育农民时要采

---

① 毛泽东.毛泽东选集:第3卷[M].北京:人民出版社,1991:1011.
② 毛泽东.毛泽东选集:第2卷[M].北京:人民出版社,1991:561.
③ 毛礼锐,沈灌群.中国教育通史:第5卷[M].济南:山东教育出版社,1988.

用灵活的方式，并且要与劳动生产实际相联系，尽可能地使学校安排适应劳动人民的需要。1945年4月，毛泽东在《论联合政府》中谈到中国国民文化和国民教育的宗旨时提出："中国应当建立自己的民族的、科学的、人民大众的新文化和新教育。"①各抗日根据地的中小学通过组织师生参加劳动，使学校适应劳动人民的需要，使教师能担负为劳动人民教育子女的重任，使学生养成劳动观点、爱国主义观点、爱护公共财物的观点。随着全面抗日战争、国共内战的接连爆发，教育事业表现出"适应战争需要"的倾向，劳动教育的革命意蕴更加明显。在此期间，无论是党的领导、爱国将领，还是学校的教师、学生，共同参加生产劳动为革命斗争提供所必需的物质生活产品、共同学习革命理论为革命斗争提高必要科学技术水平，不仅在理论上得到社会普遍认可，而且在实践中也得到了广泛实际应用。党的七届二中全会后，教育方针内容的调整更是具有向建立新中国目标发展的特点。1948年以后，由于工业生产对劳动者文化科学素养的要求较高，"新型正规化"教育被推上了日程，劳动教育的形式也从联系农业生产逐步转向联系工业生产。劳动教育理念、模式与方法的探索却同样为后来劳动教育的制度设计与工作部署提供重要的借鉴。

二、社会主义革命和建设时期劳动教育的实践探索

新中国成立之初，面临百废待兴、一穷二白的困局，中国共产党团结带领全国各族人民开始社会主义革命和社会主义建设。社会主义革命初期，劳动教育主要是为了激发全国民众劳动建设社会主义新中国的热情，以服务于社会主义革命和生产建设。但后来由于照搬苏联教育模式，加之十年"文化大革命"的消极影响，严重干扰了劳动教育的理念和原则，使劳动教育偏离了正确的发展方向。劳动教育在这一阶段经历了曲折的探索发展。

---

① 王铁.中国教育方针的研究——新民主主义教育方针的理论与实践（上册）[M].北京：教育科学出版社，1982：123.

（一）以劳动教育激发社会主义建设的热情

新中国成立初期，国家处于百废待兴状态，人民生活非常贫困，为改变国家"一穷二白"状况，社会急需大量的工农业生产劳动者。[1]因此，党和政府高度重视社会劳动，倡导全社会人人热爱劳动、人人参与劳动，把崇尚劳动、热爱劳动的理念贯穿于社会主义改造的全过程，并把"五爱"之一——"爱劳动"，作为学校思想政治教育的重点，旨在教育和引导广大青少年热爱社会生产劳动。1949年9月，中国人民政治协商会议通过《中国人民政治协商会议共同纲领》，明确指出要"注重技术教育，加强劳动者的业余教育和在职干部教育，给青年知识分子和旧知识分子以革命的政治教育，以应革命工作和国家建设工作的广泛需要"[2]。1949年12月，第一次全国教育工作会议提出了坚持教育为工农服务、为生产建设服务的方针。1950年5月，中共中央、国务院印发《当前教育建设的方针》，明确指出"教育为工农服务，为生产建设服务"的方针，[3]指出以前未从事生产劳动的人通过参加劳动不断改造自身、提高自己。1952年3月18日，经政务院批准，中央教育部颁布发的《中学暂行规程（草案）》指出，一切学校教学的基本原则要理论与实际相结合，为实施劳动教育指明改革发展方向。1954年，中共中央宣传部印发《关于高小和初中毕业生从事生产劳动的宣传提纲》，明确要求教育同社会生产劳动绝对不可分离，指出体力劳动与脑力劳动是劳动的不同分工形式，体力劳动是一切劳动的重要基础，无论是从小学、中学或大学毕业出来的人，都应该积极从事劳动生产，成为有政治觉悟、有文化教养的社会主义社会的建设者。[4]

---

[1] 郑程月，王帅.建国70年我国劳动教育的演进脉络、时代内涵与实践路径[J]. 当代教育科学，2019（5）：14-18.
[2] 中共中央文献研究室.建党以来重要文献选编：一九二一——一九四九：第26册[M]. 北京：中央文献出版社，2011：758.
[3] 何东昌.中华人民共和国重要教育文献（1949—1975）[M]. 海口：海南出版社，1998：17.
[4] 中共中央宣传部.关于高小和初中毕业生从事劳动生产宣传提纲[J]. 人民教育，1954（6）.

1956年年底，我国对农业、工业和资本主义工商业三大改造基本完成，社会主义制度初步建立。此时教育领域得到了快速发展，劳动成为具有劳动能力的公民应尽的社会职责。1957年，毛泽东同志在《关于正确处理人民内部矛盾的问题》中指出，我们的教育方针，必须为无产阶级政治服务，应该使受教育者在德育、智育、体育几方面都得到发展，成为有社会主义觉悟的有文化的劳动者①。在这一教育方针指引下，全国广泛开展了生产劳动，学校办工厂、工厂办学校，实行半工半读、教育与社会生产劳动相结合的教学模式②。1958年，中共中央、国务院颁布《关于教育工作的指示》，明确强调教育是为无产阶级的政治服务，要边学习、边劳动，劳动人民要知识化、知识分子要劳动化，③并列入党的教育方针。这一阶段的劳动教育具有鲜明的无产阶级立场，发展方向较为明确，肯定劳动教育具有思想改造意义，公民有接受劳动教育的权利和义务；确定劳动教育是发生在学校内的生产活动；明晰劳动教育应传授生产知识、专业技术等内容；扩展劳动教育的教学实施模式，如社会宣传、参观访问、乡土调查等非生产性活动的劳动教育领域。

（二）片面强调生产劳动使劳动教育偏离正轨

从1963年开始，由于照搬苏联教育模式，教条主义、形式主义比较严重，劳动的作用被盲目夸大，劳动教育被误读，甚至出现了"唯劳动是教学、读书无用唯劳动"的极端倾向，致使以教育与生产劳动相结合为主线的劳动教育探索出现了一定的偏离。学校给学生增加大量社会实践课程，减少文化课和学制年限，"教育与生产劳动相结合"的方针逐步教条化、形式化。1964年，中共中央、国务院颁布《高等学校毕业生劳动实习试行条例》指出"参加体力劳动

---

① 毛泽东.关于正确处理人民内部矛盾的问题[N].人民日报，1957-06-01（1）.
② 周兴国，曹荣荣.新中国的劳动教育：观念演变与发展[J].中国教育科学，2020（3）：25-34.
③ 中共中央，国务院.关于印发《关于教育工作的指示》[N].人民日报，1958-09-20（1）.

应作为高等学校毕业生学生毕业实习的主要方式"①，这使毕业生劳动教育重心转移在体力劳动上，并且毕业实习不得少于 8 个月，劳动教育逐渐偏离了国家正确教育方针的方向，并在"以阶级斗争为纲"错误理论的指引下，被空前放大，逐渐变成为阶级斗争服务的工具。整个学校课程教学都以劳动教育为主，学生上课选择在工厂、农村及车间等地点进行，歪曲了劳动教育的内涵。②1966 年"文化大革命"爆发，更是让"劳动就是学习""知识分子劳动化""学校以生产劳动为中心"等浪潮席卷全国。为解决城市知识青年的就业问题，避免他们受到资产阶级思想的腐蚀，组织他们学习和劳动，即有计划地输送他们上山下乡，同时提高他们的政治觉悟，使他们认识到上山下乡就是干革命。③此时劳动教育不能按照正常内在规律发展。此后在 1967 年颁布的《关于小学无产阶级文化大革命的通知（草案）》、1973 年《中共中央转发国务院关于全国知识青年下乡工作会议的报告》等文件中，也存在强调生产劳动的内容。此时的劳动教育受到"左"倾错误思想影响，片面地强调生产劳动，青年学生上山下乡，学校在工厂、车间、农村"以劳代教"，甚至将体力劳动与脑力劳动、劳动与学习对立起来，劳动教育内涵被误解，劳动教育成为阶级斗争的手段，也演变成惩罚手段，这一时期的劳动教育发展偏离了正确的轨道。④

三、改革开放和社会主义现代化建设新时期劳动教育的稳步推进

党的十一届三中全会全面纠正了"左"倾错误，确立了我党"以经济建设

---

① 中共中央, 国务院.关于发布《高等学校毕业生劳动实习试行条例》的通知[Z]. 1964-08-19.
② 张鹏飞, 高盼望.新中国成立以来劳动教育政策的变迁与展望[J]. 当代教育科学, 2020（2）：86-91.
③ 何东昌.中华人民共和国重要教育文献（1949—1975）[M]. 海口：海南出版社, 1998.
④ 李珂, 曲霞.1949 年以来劳动教育在党的教育方针中的历史演变与省思[J]. 教育学报, 2018, 14（5）：63-72.

为中心"的基本路线和"集中力量进行社会主义现代化建设"的时代主题,开启了改革开放的新时期,教育事业与人才培养也进入一个崭新的历史发展阶段,文化教育事业的发展亟须同社会生产力的发展相适应。

为培养适应改革开放潮流的新型社会主义人才,中国共产党推动劳动教育融入现代化教育体系。劳动教育作为培育优秀人才的重要途径,努力将培养新时期德、智、体、美、劳全面发展的社会主义建设者和接班人作为教育目标,以强化劳动能力和知识素养的素质教育为开展方式,为促进社会主义现代化建设培育优秀人才。因此,这一时期的社会发展对劳动教育提出了更高要求,也推动着劳动教育稳步发展。

(一)劳动教育面临更高要求

在改革开放和社会主义现代化建设新时期,我国毕业生普遍存在专业知识与技能缺失等问题,还不能满足整个社会主义现代化建设的需求。在此背景下,学界出现了对"是否需要以及如何坚持教劳结合"这一问题的激烈讨论。1978年4月22日,全国五届人大第一次会议通过的《中华人民共和国宪法》对教劳结合做出了明确规定。随后,邓小平在全国教育工作会议上纠正了"四人帮"等人错误的教育思想,深刻揭示了社会主义劳动教育的实质,重申了"培养劳动者"的教育目标,同时恢复了毛泽东同志提出的"成为有社会主义觉悟的有文化的劳动者"教育理论思想,强调"必须造就宏大的又红又专的工人阶级知识分子队伍,必须培养具有较高科学文化知识水平的劳动者"[①],这对劳动教育提出了新的要求,加之党的工作重心调整为以经济建设为中心和社会主义现代化建设,迫切需要提高广大劳动者的综合素质和基本技能。劳动教育观重新获得审视和重塑,更加注重对劳动技术技能的教育,以促进劳动者综合素质提升。1982年,教育部颁布《关于普通中学开设劳动技术教育课的试行意见》,提出劳动技术教育课是中学教育不可缺少的组成部分,开设劳动技术教育课程

---

① 毛泽东.毛泽东选集:第5卷[M].北京:人民出版社,1977.

的目的在于培养德、智、体全面发展的一代新人①。1985年，中共中央颁布《关于教育体制改革的决定》，提出"教育必须为社会主义建设服务，社会主义建设必须依靠教育"②。国家教育委员会中学教育司于1987年制定了《全日制普通中学劳动技术课教学大纲》（以下简称《教学大纲》），提出教学内容应从适应我国社会主义现代化建设的需要出发，选择将工农业生产、服务性行业、公益劳动及日常生活中最常用的科学技术知识和劳动技能作为教学内容。1993年，中共中央、国务院印发《中国教育改革和发展纲要》，明确所有学校的教学计划中都要包含劳动教育，并实现劳动教育的制度化和系列化。③教育方针从教育为无产阶级政治服务转变到为社会主义建设服务，并对劳动教育的实施提出了更高要求。1995年国家颁发《中华人民共和国教育法》新增了教育要同"社会实践相结合"的具体要求。

（二）劳动教育稳步发展

第一，劳动教育内容得以丰富。我国劳动教育的内容是随着科学技术的发展、产业结构的变化，以及各个阶段社会政治、经济、文化等的实际情况而发展变化的。改革开放以来，随着社会各方面建设的不断推进，党对劳动教育的探索坚持与时俱进，不断拓展吸纳新的领域，以丰富劳动教育的内容体系。劳动教育旨在提高学生的劳动技能和社会主义建设本领，为了适应现代经济技术的发展，劳动教育不仅包括工农业生产知识、专业技术，还加入了职业技能、信息技术、第三产业知识和技能等内容。教育部颁布的《关于普通中学开设劳动技术教育课的试行意见》中规定："中学劳动技术教育课的内容，包括工农业生产、服务性劳动及公益劳动等。"④2001年，教育部印发《基础教育课程改革纲要（试行）》，规定"从小学至高中设置综合实践活动并作为必修课程"，

---

① 教育部.关于普通中学开设劳动技术教育课的试行意见[Z]. 1984-08-10.
② 中共中央，国务院.关于教育体制改革的决定[N]. 人民日报，1985-05-27（2）.
③ 中共中央，国务院.中国教育改革和发展纲要[N]. 人民日报，1993-02-27（2）.
④ 教育部关于普通中学开设劳动技术教育课的试行意见[J].人民教育，1983（2）：27-28.

内容包括"信息技术教育、研究性学习、社区服务与社会实践以及劳动与技术教育"①，将信息技术和职业技能融入劳动教育，加快了教育现代化的进程，从而更好地帮助学生通过劳动教育适应社会发展。

第二，劳动教育成为素质教育的重要组成部分。改革开放以来，虽然我国的教育事业取得了极大的成就，但应试教育的影响根深蒂固，片面追求升学率的现象仍然存在，许多学校只重视智育，忽视其他方面的教育，难以应对世界范围内日趋激烈的综合国力竞争。1993年，中共中央、国务院印发的《中国教育改革和发展纲要》（简称《纲要》），规定"中小学要由'应试教育'转向全面提高国民素质的轨道""全面提高学生的思想道德、文化科学、劳动技能和身体心理素质"。②《纲要》特别指出劳动技能是国民的必备素质的重要组成之一。1998年6月，教育部办公厅印发的《关于加强普通中学劳动技术教育管理的若干意见》，再次强调劳动技术教育既是全面实施素质教育的重要途径，也是落实教育方针的重要措施。1998年12月，教育部颁发《面向21世纪教育振兴行动计划》指出，通过实施劳动技能教育等培养学生的良好道德、健康心理和高尚情操。1999年，中共中央、国务院颁布《关于深化教育改革全面推进素质教育的决定》，提出了全面推进学生素质教育，将素质教育贯穿于从幼儿教育、中小学教育、高等教育、职业教育、成人教育等各学段中的教学内容③，进一步加强和改进学生的社会实践教育与生产劳动相结合，并从德、智、体、美、劳等方面积极提供必要物质条件保障，推动学生素质教育的实现，扭转传统应试教育思想。

第三，劳动教育的育人价值得以凸显。进入21世纪以来，我国进入全面建设小康社会时期，随着国家政治、经济和科技等多领域的发展迈上一个新台阶，国家对劳动教育重视程度进一步提高，教育与生产劳动相结合体现出更加

---

① 教育部.教育部关于印发《基础教育课程改革纲要（试行）》的通知[J].中华人民共和国国务院公报，2002（12）：28-31.
② 中共中央，国务院.中国教育改革和发展纲要[J].江苏教育，1994（Z1）：14-22.
③ 中共中央，国务院.关于深化教育改革全面推进素质教育的决定[Z].1999-06-13.

鲜明的时代特征，劳动创造价值加强，劳动教育得到高度重视和细化，将"教育与生产劳动相结合"扩展为"教育与生产劳动和社会实践相结合"。随着改革深化时期的到来，作为生活意义的劳动逐渐显现，教育场域中"人的回归"使人在劳动中的存在愈发显露。这一时期的劳动教育研究也逐渐增加了对"人的回归"的价值取向的探讨，"人"不再被视为工具与手段，人的主体性、自觉性、能动性和实践性得到了尊重。2004年《中小学生守则》《中小学生日常行为规范（修订）》都有要求中小学生积极参与社会实践活动的内容，以培养学生端正的劳动态度与热爱劳动的情感。2010年《国家中长期教育改革和发展规划纲要（2010—2020）》也明确指出，教育要坚持与生产劳动和社会实践的结合，培养学生热爱劳动、热爱劳动人民的情感与态度。[①]劳动教育从道德理念转变为具体的实际行动，培养学生的劳动能力、劳动习惯发展为培养学生对劳动的热爱和对劳动价值的认同，从基本技能到文化素养，不断促进人的全面发展。

四、中国特色社会主义新时代劳动教育的创新发展

经过长期奋斗，中国共产党带领中国人民进入中国特色社会主义新时代，国家经济、政治、文化教育、军事、科技等都迈上一个新台阶，以习近平同志为核心的党中央高度重视国家教育事业。我国教育紧紧围绕培养什么人、怎样培养人、为谁培养人的问题进行规律性认识，把劳动教育上升到一个新的战略发展高度。

（一）劳动教育内涵进一步丰富

习近平总书记在多个会议和重要场合围绕劳动、劳动者、劳模精神等内容

[①] 教育部.国家中长期教育改革和发展规划纲要（2010—2020）[EB/OL].（2010-07-19）[2021-09-27].http: //www.moe.gov.cn/srcsite/A01/s7048/201007/t20100729_171904.html.

进行深刻阐述,特别在推进劳动教育和促进人的全面发展等方面提出了新观点、新理念,指出劳动教育的重要性,并提出"空谈误国、实干兴邦",丰富了我国传统劳动教育理念和马克思主义劳动观,深化了对劳动教育的认知。为深入贯彻落实立德树人根本任务,大力弘扬劳动光荣、技能宝贵、创造伟大的社会主义时代新风尚。2015年4月,国务院决定每年5月的第2周定为国家职业教育活动周,并规定职业学校要结合学校特点,组织开展劳动技能竞赛、劳动教育征文、劳动教育成果展等丰富多彩的校园文化活动,免费向中小学生、学生家长及社会人员开放,让中小学生从小感受现代职业教育的特色与崇高魅力,营造良好的劳动教育氛围,为他们未来职业发展启智启蒙。2015年,教育部等部门发布的《关于加强中小学劳动教育的意见》指出加强培养学生劳动兴趣、劳动爱好,促进学生身心健康和全面发展[①],进一步丰富了"劳动教育"的内涵。十九大报告指出我国发展进入了社会主义新时代的历史方位,新时代要建设知识型、技能型、创新型劳动者大军,弘扬劳模精神和工匠精神,营造劳动光荣的社会风尚;还提出,要使绝大多数的城乡新增劳动力接受高中阶段教育、更多接受高等教育。[②]2018年9月,习近平总书记在全国教育大会上指出,要努力构建德智体美劳全面培养的教育体系,在学生中弘扬劳动精神,教育引导学生崇尚劳动、尊重劳动,懂得劳动最光荣、劳动最崇高、劳动最伟大、劳动最美丽的道理,长大后能够辛勤劳动、诚实劳动、创造性劳动。[③]这是对马克思主义劳动观全面而深刻的阐释,意味着我国劳动教育的理念与实践升华到了一个全新的高度。

(二)赋予劳动教育新的时代定位

2018年9月10日,全国教育大会隆重召开,习近平总书记在大会上首次

---

① 教育部,共青团中央,全国少工委.关于加强中小学劳动教育的意见[Z]. 2015-07-20.
② 习近平.中国共产党第十九大全国代表大会报告[R]. 2017-10-18.
③ 习近平在全国教育大会上发表重要讲话[EB/OL]. http://www.xinhuanet.com/politics/2018-09/10/c_1123406247.htm.

明确提出"要努力构建德智体美劳全面培养的教育体系",标志着"劳动教育"成为新时代教育方针的重要内容之一,这是我国历史上第一次将"劳动教育"作为一项素质要求同"德智体美"并列为教育方针,开创了"五育并举"教育的新局面。至此劳动教育地位被大大提高,是党的教育方针在新时代的理论新发展,也是对马克思关于劳动价值理论的升华,为加强广大青少年学生劳动教育提出了行动指南和根本遵循。2019年2月,国家发布的《中国教育现代化2035》提出要弘扬劳动精神。2020年3月,国家发布的《中共中央国务院关于全面加强新时代大中小学劳动教育的意见》(以下简称《意见》),提出"把劳动教育纳入人才培养全过程,贯通大中小各学段,贯穿家庭、学校、社会各方面"①。至此,劳动教育作为新时代中国特色社会主义教育制度重要内容的地位得以最终确立。《意见》对各级各类学校开展劳动教育进行了具体部署,规定各中小学劳动教育课每周不少于1课时;职业院校开设劳模精神、工匠精神专题教育不少于16学时(不含实习、实训课程);本科院校不少于32学时,贯通大中小学校、社会、家庭等各方面。②这是党中央、国务院在新时代对劳动教育做出的一次系统性、全局性的顶层设计。2021年《中华人民共和国教育法》第五条被修正为培养德智体美劳全面发展的社会主义建设者和接班人;《2021年政府工作报告》又将构建德智体美劳全面培养的教育体系作为人才培养的重要基石。

(三)劳动教育价值指向进一步明确

新时代的劳动教育,承担着培养时代新人的重要使命,遵循着引领青年在国家发展大势中实现梦想、贡献社会的根本目标。新时代的发展与青年群体密切相关,千千万万的青年将全程参与实现"两个一百年"奋斗目标的伟大历程。在这一时代背景下,通过劳动教育的实干磨砺和精神引领,培养青年为民服务、

---

① 中共中央,国务院.关于全面加强新时代大中小学劳动教育的意见[Z]. 2020-03-20.
② 中共中央,国务院.关于全面加强新时代大中小学劳动教育的意见[Z]. 2020-30-20.

奋发有为、艰苦奋斗的坚定意志，引导青年发扬前辈不畏艰难险阻的革命精神、劳动精神、劳模精神和工匠精神，才能激励青年更好地担当起使命责任，贡献青春力量。《中共中央国务院关于全面加强新时代大中小学劳动教育的意见》提出"劳动教育应培养科学精神，提高创造性劳动能力"①。科学技术的创新是国家发展的重要战略，这对教育提出了更高要求。2020年，习近平总书记在科学家座谈会上提出，要加强创新人才教育培养，把教育摆在更加重要位置，全面提高教育质量……注重培养学生创新意识和创新能力。因而新时代劳动教育应迎难而上，结合劳动新形态、产业新业态来培养学生的创新思维，增强学生的创新意识，提高学生的创新能力。②

第二节 中国共产党百年来劳动教育历史变迁的特征

劳动教育作为整个教育环节的重要组成部分，自中国共产党成立之日起，就被我党置于战略性地位。中国共产党百年光辉历程也是领导广大劳动人民依靠劳动创造世界、改变生活、完善自己的过程。对中国共产党劳动教育政策进行追本溯源和特征体认，有利于引领我国劳动教育走向高质量的发展轨道。

一、建党百年来我国劳动教育渐趋本土化

从中国共产党建党百年来党的教育方针与劳动教育的演进历程来看，我国劳动教育走了一条从借鉴、探索到本土化、特色化逐渐形成的发展之路。在中

---

① 中华人民共和国中央人民政府.中共中央 国务院关于全面加强新时代大中小学劳动教育的意见[EB/OL].（2020-03-26）[2021-09-28].http：//www.gov.cn/zhengce/2020-03/26/content_5495977.htm.

② 习近平：在科学家座谈会上的讲话[EB/OL].（2020-09-11）[2020-09-11]http：//www.xinhuanet.com/politics/leaders/2020-09/11/c_1126483997.htm.

国共产党成立之初,虽然马克思主义的教育理论成为新民主主义教育事业的指南,党领导的教育事业在一开始就种下了教育要与生产劳动相结合的种子。但这一时期,中国共产党对于马克思列宁主义的理论和革命实践还没有完整的、统一的了解,还不能很好地将马克思列宁主义的教育学说与中国的具体实践结合起来。随着学校教育发展有了初步的成效,中国共产党先后创办了劳动学院、劳动补习学校等,积极探索劳动教育的具体实践形式。在新中国成立初期,为服务社会主义革命和生产建设,劳动成为公民应尽的社会职责,先后出台一系列有关劳动教育方针、劳动教育教学模式的重要文件,照搬苏联教育模式,致使劳动教育被误解,教育与生产劳动相结合为主线的劳动教育探索出现了一定偏离。党的十一届三中全会后,为培养适应改革开放潮流的新型社会主义人才,结合这一时期毕业生普遍存在的专业知识与技能缺失等现实问题,劳动教育重新得到审视和重塑,开始本土探索。进入 21 世纪之后,劳动教育吸收并再造了我国传统劳动教育中的优秀思想,同时将马克思主义劳动教育思想结合我国实际进行创新发展,从而形成了新时代中国特色社会主义劳动教育思想。

二、建党百年来我国劳动教育彰显时代性

党的教育方针以及对劳动教育的认识、定位是根据各个时期的具体国情和时代特征,并为适应当时的政治、经济和科技发展的需要而定的。新中国成立以前,中国处于半殖民地半封建社会,生产力发展水平较低,社会生产方式以手工业和农业为主,教育与农业和手工业劳动相结合是这一时期教育与生产劳动结合的主要形式;新中国成立后,现代工业有了较大发展,对教育与工业劳动的结合提出了要求。随着信息时代和智能时代的到来,越来越多的体力劳动开始被脑力劳动所取代,脑力劳动的重要性日益凸显,成为劳动教育不可或缺的组成部分。可见,时代的发展、认识的深化以及实践的检验,必然对劳动教育赋予新的内涵,从而对教育方针、政策也做出相应调整。

百年来,我国的教育方针历经新民主主义文化教育总方针、社会主义革命

和建设时期教育方针、改革开放和社会主义现代化建设新时期、中国特色社会主义新时代不断改进和完善的社会主义教育方针等不同发展阶段。教育的服务对象从"为革命战争与阶级斗争服务",到"为工农服务、为生产建设服务",到"为无产阶级政治服务",再到"为社会主义现代化建设服务",表明不同社会阶段对教育的要求也不同,体现了教育方针所具有的时代性特点。

三、建党百年来我国劳动教育相对稳定性

劳动教育在与时俱进的同时,又因要遵循教育规律和变迁逻辑而保持着相对的稳定性和连续性。劳动是人的一种本质活动,劳动教育既是目的也是手段。若仅仅把劳动教育视为手段和途径,则它是可选可变的,容易被边缘化并沦为点缀。事实上,劳动教育本身就是重要的教育目的,劳动素养是全面发展的人的必备素养。因此,劳动教育不是某一特定社会制度下所特有的教育形态,而是现代社会的一种客观存在。这就决定了劳动教育必然贯穿于教育方针之中,具有一定的稳定性。此外,要贯彻教育方针必然会制定相关配套政策和措施,形成一套制度网络,为便于相关政策相互协调,不同时期的劳动教育方针又保持着相对的连续性。这些都有利于方针政策的执行和落实,有利于我国劳动教育事业的稳定发展。

教育与生产劳动相结合是一种社会现实和客观存在,有它自身存在和发展的规律。资本主义社会存在,社会主义社会也存在。人们对这一存在的认识和看法既有真理性的认识,也有主观的期望和臆测。但教育与生产劳动相结合"是什么"并不是一目了然的,对它的认识往往是曲折反复的。①纵观中国共产党建党百年来党的教育方针的演进历程,可以发现教育与生产劳动相结合是贯穿于我国不同历史时期教育方针的一条主线,但对其内涵理解以及如何实施却存在不同看法。20 世纪 90 年代初,由于对教育与生产劳动相结合存有不同的认

---

① 成有信.教育与生产劳动相结合理论的新探索[J].北京师范大学学报(社会科学版),1997(3):26-34.

识，萧宗六、顾明远、厉以贤等学者先后撰文对教劳结合是否应该成为社会主义教育方针的重要内容表达了不同看法。21世纪初，围绕劳动教育是否应与体育、智育、德育、美育并列，又出现了"黄瞿之争"。相应地，劳动教育在我国教育方针中的表述和地位也各不相同。在劳动教育的实施过程中也出现过"以劳代教"或"以教代劳"的现象，给国家的教育事业带来了一定的不利影响。

四、建党百年来我国劳动教育动力外生性

我国劳动教育在发展动力和教育目的上都表现出明显的外生性特点，内在驱动力不足。首先，劳动教育的发展动力更多来自经济、政治等社会外力的驱动以及国家领导人的重视，而不是来自劳动育人的内在驱动。这就使劳动教育容易受到教育系统外部因素的影响，难以形成稳定的劳动教育运作体系。[①]在这一点上，关于劳动教育的地位以及劳动教育与其他"四育"的关系问题一直备受争议便是例证。其次，我国劳动教育的目的也多是满足社会的需要，但劳动教育在满足教育系统之外的需求时若不顾劳动教育自身的内在规律，让社会需要凌驾于人的发展之上，劳动教育往往就会沦为政治、经济发展的附庸，就会造成劳动教育的种种异化，遮蔽劳动的本真教育意蕴，从而无法造就全面发展的人，也就难以达成服务社会的外在目的。

教育必须与生产劳动和社会实践相结合，培养德、智、体、美等方面全面发展的社会主义建设者和接班人是我国一直坚持的教育方针，但德、智、体、美"四育"中的任何一个都可有效融入学校生活，而劳动教育似乎一直都没能很好地融入这个体系。人类社会的教育系统，一旦从生活与生产实践中独立出来，成为知识（文化）传承与生产的专门部门，劳动教育就被迫走上了"流放"之路。面对浩如烟海且快速增容的知识体系，要实现有计划、高效率、大规模

---

① 李珂，曲霞.1949年以来劳动教育在党的教育方针中的历史演变与省思[J].教育学报，2018，14（5）：63-72.

的文化知识传播，学校教育就不得不倚重间接知识传授，最终形成一个庞杂但成熟的符号化运行体系，从而对具有"体知"特点的劳动教育构成巨大排斥力。在学校教育中，劳动教育更像是一个孤独的孩子，站在一边看着小伙伴们快乐游戏，似乎偶尔地参与就会打乱同伴的节奏。

那么，在当前劳动教育全面式微的背景下，究竟如何才能够使其有机、有效、有力地嵌入学校教育体系，让劳动教育真正实现它的教育意义？这还需要无数教育工作者前赴后继地努力。

五、建党百年来我国劳动教育脑体分离性

我国劳动教育在发展历程中还出现了劳动教学和劳动实践分离、脑力劳动和体力劳动分离的现象。在抗日战争时期、解放战争时期、新中国成立初期以及"文革"期间都出现了"重劳轻教""以劳代教"和"以劳代学"的偏向，破坏了劳动教育在学校的正常实施。改革开放以后又出现了"重教轻劳""以教代劳"和"以学代劳"的偏向。不论是"以教代劳"还是"以劳代教"都会对劳动教育的正确实施造成危害。正如马克思所说，"无论是脱离生产劳动的教学和教育，或者没有同时进行教学和教育的生产劳动，都不能达到现代技术水平和科学知识状况所要求的高度"[①]。这种分离实质上也是脑力劳动和体力劳动分离的表现。

第三节 中国共产党百年来劳动教育发展的基本经验

中国共产党对劳动教育思想的领导贯穿于党的整个发展史之中。我们可以将党的劳动教育理念归纳为三个主要方面，即把握社会主义政治方向的政治领

---

① 马克思恩格思选集：第2卷[M]. 北京：人民出版社，1995.

导、遵循马克思主义指导地位的思想领导以及贯彻理论联系实际优良作风的作风领导。

一、以马克思主义教育同生产劳动相结合思想为指导

马克思主义教育同生产劳动相结合思想（以下简称"教劳结合思想"）强调教育要与生产劳动相结合，具体来说是指"教育要使儿童和少年了解生产各个过程的基本原理，同时使他们获得运用各种生产的最简单的工具的技能"[①]。在马克思构想的社会主义社会中，由于消灭了剥削制度，这就为教育和生产劳动的普遍结合提供了现实的可能。[②]因此，马克思把教育与生产劳动相结合看成是改造现代社会最强有力的手段之一，是提高社会生产的一种有效方法和造就全面发展人的唯一方法。[③]所以在马克思看来，教育与生产劳动相结合是社会主义教育基本性质的体现。

在中国共产党领导与建设社会主义事业的伟大征程中，教劳结合思想对中国经济社会和教育发展发挥了重大作用，始终为党的教育工作及立德树人伟大事业服务。由陈望道翻译的《共产党宣言》是中国共产党人最早学习到马克思和恩格斯"教劳结合思想"的论著。陈望道根据英文版和日文版的《共产党宣言》，将其中的"十项纲领"第十条翻译为："设立公立学校，对于一切儿童施以免费的教育。废止现行儿童的工场劳动。连络教育和产业的生产等等。"[④]综观马克思、恩格斯关于教劳结合思想的论断可见，他们所说的教劳结合的精神实质是指教育与生产劳动之间建立起相互作用、相互渗透和相互促进的关系。从这个精神实质看，实施教劳结合不只是处理教育与生产劳动关系的一种手段

---

① 高放.马克思恩格斯要论精选[M].北京：中央编译出版社，2016：425-426.
② 成有信.论教育和生产劳动相结合的实质[J].马克思主义研究，2005（1）.
③ 舒志定.人的存在与教育——马克思教育思想的当代价值[M].上海：学林出版社，2004：179.
④ 马格斯，安格尔斯.共产党宣言[M].陈望道，译.上海：上海社会主义研究社，1920.

或方法,更不只是学校教育工作的一个方针,它应当是协调教育、经济和社会发展的总的原则。①

新民主主义革命时期,中国共产党的成立和马克思主义的广泛传播,加速了中国社会的思想转型和文明演进,教劳结合思想也在这一大背景下得到迅速传播。中国共产党成立早期,教劳结合以职业教育的蓬勃发展为主要表现,但随着社会主要矛盾的激化,以"教育救国"为主旨的劳动教育取代了以"实业救国"为标榜的职业教育,教劳结合思想真正成为中国革命、社会改革与教育发展的重要指导。20世纪三四十年代,在根据地、解放区的教育方针中,始终把教劳结合思想同革命教育发展相结合,致力培养大多数工农阶级和知识分子,消灭离开生产劳动的寄生阶级的教育,锻造具有劳动坚强意志的完全的新人物。②与之对应,根据地、解放区中的红军教育、干部教育、社会教育和小学教育等教育形态,不断创新劳动教育新形式,探索劳动教育中国化的实践新样态,落实中国教劳结合的思想方案。

社会主义革命与建设时期,中国共产党继续坚持教劳结合作为教育方针的思想信条,把教劳结合思想落实到中国广大劳动教育实践中去。毛泽东关于教劳结合的重要论述是这一时期劳动教育发展的指导思想和主要内容,特别是"教育必须为无产阶级政治服务,必须同生产劳动相结合。劳动人民要知识化,知识分子要劳动化"③经典论述的提出,奠定了我国劳动教育发展的总体基调。1978年4月22日,邓小平在教育部召开的"全国教育工作会议"上的讲话中,曾经正确阐述了教劳结合思想的实质,认为教劳结合更重要的是"整个教育事业必须同国民经济发展的要求相适应"④。这一论述作为指导思想深刻影响了随后的一系列教育改革。

---

① 孙振东.不应把马克思主义教劳结合思想简单化[J].现代教育论丛,2021(6):7-9.
② 杨天平,黄宝.中国共产党教育方针90年发展研究[M].重庆:重庆大学出版社,2015:31.
③ 人民教育出版社.毛泽东论教育[M].3版.北京:人民教育出版社,2007:291.
④ 邓小平.在全国教育工作会议上的讲话[J].人民教育,1978(Z1):3-7.

党的十八大以来，习近平总书记就新时代劳动教育的发展思路及路向做了一系列重要论述，且在多个重要场合礼赞劳动创造、讴歌劳模精神、劳动精神、工匠精神，勉励广大劳动者勤于创造、勇于奋斗。2020年中共中央、国务院印发《关于全面加强新时代大中小学劳动教育的意见》，对新时代劳动教育做了顶层设计和全面部署，明确肯定劳动教育的地位与作用，马克思主义教劳结合思想中国化的理论成果和实践方案得以形成。

二、劳动教育政策服务社会需求

在党的劳动教育思想演进过程中，劳动教育与社会主要矛盾始终相互影响，彼此关联。劳动教育产生是处理社会主要矛盾的客观需要，而社会主要矛盾在生产力发展中又持续制约和支配着劳动教育的内容与方式。

中国共产党成立百年的时间里，劳动教育一直受到政治、经济建设等各种社会需求的影响，劳动教育政策有着各自不同的目标，结合我国劳动教育政策的历史发展阶段，可以将劳动教育政策形成机制分为四个时期：

一是探索教劳结合的萌芽起步阶段（1921—1949年）。1921年中国共产党成立之初，为了满足革命根据地人民的生活需要，提出走工农结合的道路，将教育和劳动结合，既满足了生产生活的需要，又可以提高革命根据地人民的思想觉悟，促进了当时社会实际的发展。

二是促进工农业生产发展的曲折探索阶段（1949—1977年）。新中国成立初期，百业待兴，教育事业也在发展初期，这一时期的劳动教育主要为解决毕业生就业难的问题，为工农业服务，为了发展经济而服务，此时的劳动教育在很大程度上受到经济发展的影响；"文化大革命"时期，劳动教育政策受到"以阶级斗争为纲"的影响，作为阶级斗争、劳动改造的一种手段，劳动教育甚至一度被当作惩罚的手段。

三是为现代化建设服务的稳步发展（1978—2012年）。1978年党的十一届三中全会停止使用"以阶级斗争为纲"的口号,开始实行改革开放的政策。为确保经济建设快速发展,劳动教育转向为现代化建设服务,主要偏重劳动技术层面。

四是为提高全民素质教育的新时代发展阶段(2012年至今)。21世纪后,国家经济发展迅速,劳动教育重心不再是服务于经济建设,从《普通中小学校督导评估工作指导纲要(修订稿)》到《教育部共青团中央全国少工委关于加强中小学劳动教育的意见》,劳动教育政策逐渐开始转向注重学生个人需要,注重提升学生个人素质,坚持立德树人,促进学生全面发展、健康成长。

三、劳动教育目标顺应时代发展

劳动教育政策历经百年的探索与发展,其内涵逐渐丰富,地位逐渐提高,但始终遵循教育发展与社会变迁的基本规律。劳动教育政策不仅符合不同时期党和人民对教育的诉求与预期,积累了丰富的理论与实践经验,还呈现出随着时代变迁而逐渐深化的动态发展趋势,标志着劳动教育目标的因时而变。"劳动教育具有强烈的时代特征与社会属性。由于人类劳动的形态处在不断演进的过程之中,劳动形态也在不断变化,具体表现为脑力劳动的比重不断增加、新形态的劳动不断形成"①,劳动教育目标亦随劳动教育形态的演进而与时俱进。

中国共产党成立百年来,劳动教育政策结合不同历史时期党和国家发展的时代主题,适时地调整、丰富和健全,不仅取得了巨大成就,也促进了劳动教育经验的延续。中国共产党成立之初,劳动教育政策旨在保障工农群众的受教育权,培养党务人才并扩大中国共产党的队伍。革命根据地时期,劳动教育政策则服务于教育革命,并吸收工农群众为革命人才,"苏区的教育实行与生产劳动相结合"②,适应了当时交通不发达状况,也满足了人民生存与抗战的现

---

① 檀传宝.劳动教育的概念理解:如何认识劳动教育概念的基本内涵与基本特征[J].中国教育学刊,2019(2):83-84.
② 毛礼锐,沈灌群.中国教育通史(第五卷)[M].济南:山东教育出版社,1988:163.

实需要。新中国成立后，劳动教育政策随政治经济发展而表现出不同的内涵要旨：从培养恢复国民经济所需的劳动力，到培养社会主义市场经济体制下所需的劳动技术人才，以及迎接21世纪所需的寓劳于德的素质均衡发展之才，再到新时代培养德智体美劳全面发展的时代新人。基于马克思主义历史唯物史观，劳动教育政策的历史演进具有其内在客观规律的自然发展进程属性，基于历史、尊重历史、继承历史以及发展历史是劳动教育政策发展的必然选择。作为以劳动为载体的教育形式，劳动教育政策迎合了不同时代国家和社会对教育提出的诉求，教育与劳动的耦合反映了不同社会生产力发展水平下劳动教育政策的内涵之变，同时也反映了劳动教育目标的与时俱进。

四、劳动教育价值皈依于培养时代新人

新民主主义革命时期，中国共产党将教育作为革命斗争的武器，以现代思想的注入来打破前现代社会习俗的思维禁锢。毛泽东先后做了"苏区政府文化教育总方针目的之一在于使广大人民成为享受文明幸福的人"和"新民主主义文化教育总方针是民族的、科学的、大众的"的重要论断。社会主义革命和建设时期，教育实践最迫切的任务是清除资本主义和封建思想的影响，构筑统一的无产阶级政权思想和话语体系[1]，以"劳动与享用的直接对等性"的自然打破来确立现代生产逻辑，借助教劳结合中国化的实践探索和经验总结，提高广大人民群众思想行为的现代性，培养有社会主义觉悟的有文化的劳动者。改革开放以来，教育领域的思想纠偏与意识觉醒肯定了"教劳结合是培养人的根本途径"这一主张，而"培养中国现代化发展所需要的建设者和接班人"成为这一时期劳动教育发展的价值统摄。进入新时代，在培养社会主义公民劳动知识和技能的同时，劳动教育更加关注劳动价值观和道德情操的精神唤醒，其范畴和功能的拓展是以人的现代性的重新认识为前提，也以匡正和引导人的现代性

---

[1] 王鉴，姜纪垒."立德树人"知识体系的百年演进及其经验总结[J]. 东北师范大学报（哲学社会科学版），2020（6）：10-21.

的健康发展为目的。总之,中国劳动教育的发展是以社会主义公民现代性如何提升为价值依归的,其最终目的是要实现马克思所预期的"建立在个人全面发展和他们共同的、社会的生产能力成为从属于他们的社会财富这一基础上的自由个性"①。

第四节　中国共产党百年来劳动教育探索的现实启迪

梳理中国共产党对劳动教育的百年探索历程和经验总结,可以看出党在劳动教育理念的奠基、教育方针的确定、实践的开展、内涵的丰富等方面做出了巨大贡献。同时,中国共产党依据新的形势与变化,分析并明确了新时代劳动教育的发展方向,对其做出了科学规划并提出更高要求。把握建党百年来我国劳动教育的发展历程、特征、经验等内容,寻找启示以促使劳动教育在新时代发挥最大效用。

一、坚持和发展中国特色社会主义,充分发挥劳动教育的政治功能

建党百年以来,劳动教育一直与党的各项事业紧密相连,它从来就不只是教育系统内部的事情,而是一项涉及党和国家事业全局的战略性工作,具有重要的政治功能。中国共产党作为以马克思主义为理论基石的政党,始终坚持教育与生产劳动相结合的教育理念,劳动教育从为革命斗争服务,到服务于社会主义革命和生产建设,到服务于社会主义现代化建设,再到为培养全面发展人才服务,一脉相承,与各个时期的国情和发展需求相适应,凸显了劳动教育于

---

① 中共中央马克思恩格斯列宁斯大林著作编译局. 马克思恩格斯文集:第8卷[M]. 北京:人民出版社,2009:52.

国之大计、党之大计的重要意义，是教育领域讲政治、顾大局的重要体现，也是不断完善中国特色社会主义制度的具体要求，更是坚持和发展中国特色社会主义的应有之义。党的十八大以来，习近平总书记多次在各种重要讲话中表达了"实干兴邦""崇尚劳动"的治国理念，发出用奋斗点燃新时代、以劳动托起中国梦的时代强音，这不仅是对马克思主义劳动观的继承与发展，也凸显了教育服务于中国共产党治国理政的政治作用，再次彰显了劳动教育对于坚持和发展中国特色社会主义的巨大政治价值。

二、推动社会发展，充分发挥劳动教育的经济功能

劳动创造价值，创造财富。建党百年以来，中国共产党团结带领全国各族人民通过辛勤劳动进行新民主主义革命运动，进行社会主义改造和建设，进行改革开放和社会主义现代化建设，不断提高我国社会生产力的发展水平，使我国从一穷二白发展成世界第二大经济体；从落后的农业国发展为世界第一制造业大国；从封闭半封闭走向开放；从温饱不足迈向全面小康……中国经济发展创造了一个又一个奇迹。①这不仅体现了劳动对于社会进步、经济发展、民族振兴的巨大贡献，而且展示了劳动教育通过人力资源开发来服务国家建设和发展，从而实现国富民强的经济功能。进入新时代，为破解我国发展中面临的一系列难题，急需切实提高广大劳动者的劳动素养和劳动能力，特别是创造性劳动能力，这对主动适应科技发展和产业变革新趋势，推动"中国制造"向"中国创造"转变、"中国速度"向"中国质量"转变、"中国产品"向"中国品牌"转变，推动中国到 2050 年实现社会主义工业化，从制造大国迈入制造强国行列，应对"百年未有之大变局"和复兴路上可能遇到的各种挑战，均具有重大的现实意义和长远的战略意义。

---

① 王宏泽.数说中国|从一穷二白到世界第二大经济体[EB/CD]. https：//politics.gmw.cn/ 2019-12/13/content_33400996.htm.

三、不断完善中国共产党的教育方针，充分发挥劳动教育的育人功能

中国共产党的教育方针从强调德智体全面发展，到德智体美全面发展，再到德智体美劳全面发展，劳动教育具有了与德育、智育、体育、美育同等重要的地位，体现了劳动教育在中国特色社会主义教育制度中的独特价值。同时，从通过劳动教育唤起工农大众革命意识的觉醒，到培养有社会主义觉悟的有文化的劳动者，再到全面提高国民素质、培养全面发展的社会主义建设者和接班人，对受教育者的素质要求由政治素质拓展到文化素质，进而再提升到全面发展，体现出对受教育者素质要求的不断完善，劳动素养成为受教育者个人素质的重要方面，表明劳动教育对提高国民素质、促进人的全面发展具有重要的育人功能。可以看出，党的教育方针不断修改和完善的过程，就是党对劳动教育认识不断加深的过程，也是劳动教育的育人功能不断彰显的过程。

第二章

新时代劳动教育的时代意蕴

"教育与生产劳动相结合"是马克思主义教育思想的核心，是实现人的全面发展的重要途径。党的十八大以来，习近平总书记高度重视劳动及劳动教育，多次就推进劳动教育、弘扬劳动精神做出重要批示和指示，在继承和发展马克思主义劳动观的基础上，结合新时代历史特点，对马克思主义劳动观进行了创新性解读，丰富和发展了马克思主义劳动观。2020年3月20日，中共中央、国务院印发《关于全面加强新时代大中小学劳动教育的意见》（以下简称《意见》）对新时代大中小学劳动教育做了顶层设计和全面部署，意义重大，影响深远。

第一节　新时代劳动教育提出的时代背景

历史的长河奔流不息,思想的波涛卷起巨澜。经过长期努力,中国特色社会主义进入新时代,这是我国发展新的历史方位。以习近平同志为核心的党中央以巨大的政治勇气和强烈的责任担当,提出一系列新理念新思想新战略,出台一系列重大方针政策,推出一系列重大举措,推进一系列重大工作,解决了许多长期想解决而没有解决的难题,办成了许多过去想办而没有办成的大事,推动党和国家事业取得了全方位的、开创性的历史性成就,发生了深层次的、根本性的历史性变革。

一、世界格局与国际秩序的变化

当今世界正经历新一轮大发展大变革大调整,大国战略博弈全面加剧,国际体系和国际秩序深度调整,人类文明发展面临的新机遇新挑战层出不穷,不确定不稳定因素明显增多。以习近平同志为核心的党中央科学认识全球发展大势,深刻洞察世界格局与国际秩序变化作出了重大战略判断:"世界正处于百年未有的大变局。"百年未有之大变局,概括来说,就是当前国际格局和国际体系正在发生深刻调整,全球治理体系正在发生深刻变革,国际力量对比正在发生近代以来最具革命性的变化,世界范围呈现出影响人类历史进程和趋向的重大态势。

从世界经济版图来看,发达国家和发展中国家在国际分工体系中的地位角色发生重大转变,发达国家经济增长乏力,新兴经济体和发展中国家在世界经济中占据越来越大的份额,世界经济重心加快"自西向东"位移。从国际力量对比来看,发达国家内部矛盾重重、实力相对下降,一大批发展中国家群体性崛起,成为影响国际政治经济格局的重要力量。从全球治理体系来看,西方发达国家主导的国际政治经济秩序越来越难以为继,发展中国家在国际事务中的代表性和发言权不断扩大,全球治理越来越向着更加公平合理的方向发展。从人类命运关系来看,各国相互联系和彼此依存比过去任何时候都更频繁、更紧密,整个世界日益成为你中有我、我中有你的人类命运共同体。

与此同时,突如其来的新冠肺炎疫情使百年未有之大变局加速演变。从近两年的疫情演变来看,疫情属于公共卫生安全危机,但是也开始加速了经济方面的危机,进一步带来了政治危机和社会危机。被疫情防控所掩盖的各种矛盾和问题会充分暴露出来,未来的世界充满着更多不确定性。

二、我国社会主要矛盾的变化

社会主要矛盾是一个政党制定路线、开辟道路、形成战略的基本依据。在我们党的历史上,党的事业取得胜利、党的航船顺利前行,都与党对不同时期或阶段我国社会主要矛盾作出正确判断密切相关;而党的事业遭遇挫折、党的航船曲折停滞,都与党对某个时期或某个阶段我国社会主要矛盾的判断失误紧密相连。所以说,对社会主要矛盾的科学判断,关系党和国家的前途命运。

新民主主义革命时期,我们党准确认识中国半殖民地半封建社会的性质,作出了近代中国社会的主要矛盾是帝国主义和中华民族的矛盾、封建主义和人民大众的矛盾的正确判断。社会主义改造基本完成后,革命时期大规模的疾风暴雨式的群众阶级斗争基本结束,党的八大正确作出了"我们国内的主要矛盾,已经是人民对于建立先进的工业国的要求同落后的农业国的现实之间的矛盾,已经是人民对于经济文化迅速发展的需要同当前经济文化不能满足人民需要的状况之间的矛盾"的判断。然而,由于各种主客观原因,党的八大关于社会主要矛盾的正确认识,未能很好地坚持下去。1978年党的十一届三中全会决定把党和国家的工作重点转移到社会主义现代化建设上来。1981年党的十一届六中全会通过的《关于建国以来党的若干历史问题的决议》对我国社会主要矛盾做了科学表述:"在社会主义改造基本完成以后,我国所要解决的主要矛盾，是人民日益增长的物质文化需要同落后的社会生产之间的矛盾。"

党的十八大以来，习近平总书记以政治家的为民情怀、思想家的高瞻远瞩、改革家的责任担当、理论家的胆识气魄，站在时代发展的高度，深刻把握中国的基本国情，敏锐地洞察到了社会主要矛盾已然发生的深刻变化。党的十九大报告指出，经过长期努力，中国特色社会主义进入了新时代，这是我国发展新的历史方位，明确强调"我国社会主要矛盾已经转化为人民日益增长的美好生活需要和不平衡不充分的发展之间的矛盾"这一科学判断。同时必须认识到，我国社会主要矛盾的变化，没有改变我们对我国社会主义所处历史阶段的判断，我国仍处于并将长期处于社会主义初级阶段的基本国情没有变，我国是世界最大发展中国家的国际地位没有变。

我国社会主要矛盾变化这一重大判断，是党的十九大依据新中国成立特别是改革开放以来我国社会发展的重大进步做出的，是综合人民需要的历史性变化和发展的根本性变化得出的，有其坚实的实践基础。主要依据有以下三个方面：

一是经过改革开放40多年的发展，我国社会生产力水平总体上显著提高，很多方面进入世界前列。这说明，我国进入社会主义初级阶段以来的"落后的社会生产"已经发生了新的阶段性变化。

二是人民生活水平显著提高，对美好生活的向往更加强烈，不仅对物质文化生活提出了更高要求，而且在民主、法治、公平、正义、安全、环境等方面的要求日益增加。这说明，人民群众对于日益增长的"物质文化需要"层次更高、内容范围更广，出现了阶段性的新特征。

三是影响满足人们美好生活需要的因素很多，但主要是发展的不平衡不充分问题。这些发展不平衡不充分问题相互掣肘，带来很多社会矛盾和问题，是当前和今后一个时期制约我国发展及满足人民日益增长的美好生活需要的主要根源。

三、中国共产党执政环境的变化

"办好中国的事情,关键在党。"在庆祝中国共产党成立100周年大会上,习近平总书记深情回顾我们党百年奋斗的光辉历程,着眼实现中华民族伟大复兴的中国梦,明确提出以史为鉴、开创未来,必须坚持中国共产党坚强领导。中国共产党的领导是历史和人民的选择,是实现中华民族伟大复兴的根本保证。中国共产党自成立以来,团结和带领中华民族跨过了一道又一道沟坎,取得了一个又一个胜利。党的十三届全国人大第一次会议审议通过的宪法修正案,把"中国共产党的领导是中国特色社会主义最本质的特征"载入宪法总纲,以国家根本大法的形式强调党的领导在中国特色社会主义中的核心地位,使党的领导在国家运行机制和各项制度中具有更强的制度约束力和更高的法律效力,有利于把党的领导贯彻落实到国家政治生活和社会生活的各个领域,确保中国特色社会主义事业始终沿着正确轨道前进。

进入新时代,特别是随着世情、国情的深刻变化,尤其是影响党运行和执政的经济、社会、文化等诸多要素都发生了历史性变革和根本性变化,这些变化相互作用、互相影响,使我们党面临的执政环境更加复杂多变。党的十八大明确指出,我们党面临着"四大考验"和"四种危险"。党的十九大,习近平总书记也重申了这些问题的尖锐性和严峻性,强调全党都要清醒认识,高度重视。

"四大考验"是在党的十七届四中全会上明确提出的,它是指党面临的长期执政考验、改革开放考验、市场经济考验、外部环境考验。具体而言:长期执政考验,就是指党在长期执政以后,在依据所掌握的执政权利、公共权利推进执政目标的过程中,由于在权力配置、权利取舍、利益协调等方面面临或潜在影响执政效能,来自系统内部和外部的各种困境因素的总和。改革开放考验,就是我们党在纵向推进改革开放过程中遭遇到全球化的挑战以及因触及利益格局的变革而带来的现实困境。市场经济考验,即我们党面临的市场经济本身缺陷带来的考验以及由于驾驭市场经济能力不足,在与宏观调控关系处理中带来的考验。外部环境考验，就是在世界格局深刻变化，社会矛盾深刻变革等复杂多变的外部环境下，所受到的内外部风险与挑战。"四大考验"的提出充分说明党的先进性和党的执政地位都不是一劳永逸、一成不变的，党要承担起人民和历史赋予的重大使命，必须认真研究自身建设遇到的新情况新问题，在领导改革的进程中不断认识自己、加强自己、提高自己。

"四种危险"是指精神懈怠危险、能力不足危险、脱离群众危险、消极腐败危险。"四种危险"的提出，向党长期执政敲响了安全警钟，特别是针对现实生活中，有的党员干部精神消极、思想僵化、行动保守、得过且过；一些党员干部身上存在着脱离群众的官僚主义、主观主义、形式主义、好人主义现象；一些党员领导干部违纪违法现象依然严重等现象，严重阻碍了党的公信力、影响力，严重削弱了党的创造力、凝聚力、战斗力，严重损害了党员干部的整体形象，严重侵蚀了党的执政之基。

"四大考验"和"四种危险"揭示了中国共产党面临的外部客观条件和主观自身存在的问题，表现了我党超强的忧患意识和敢于自我革命的鲜明品格。

第二节　新时代劳动教育的时代价值

劳动是马克思思想体系中的核心观念。在马克思主义的教育思想中倡导培养体力、脑力全面发展的人，强调"教育与劳动生产相结合"是社会主义学校的本质特征。开展劳动教育是马克思主义政党对培养人才的一贯要求，劳动教育作为全面发展教育的重要组成部分，是实现人健康成长的重要基础。深刻认识新时代劳动教育的时代价值，理清劳动教育的内涵边界，正确理解劳动教育，把握落实新时代劳动教育要求的关键点是有效开展劳动教育的必要基础。

一、落实立德树人根本任务的必然要求

习近平总书记以"国之大计、党之大计"高度概括了教育在新时代的重要地位,强调要把立德树人作为中心环节,要解决好"培养什么人、怎样培养人、为谁培养人"的根本问题。《意见》提出全党全社会必须高度重视劳动教育,构建大中小学劳动教育体系,标志着我国劳动教育进入新的发展阶段。同时明确强调,新时代劳动教育要"以习近平新时代中国特色社会主义思想为指导,全国贯彻党的教育方针,落实全国教育大会精神,落实立德树人根本任务",要"围绕培养担当民族复兴大任的时代新人,着力提升学生综合素质,促进学生全面发展、健康成长"。

(一)新时代劳动教育的战略地位

马克思认为,整个世界历史就是通过人的劳动而诞生的过程。一部人类发展史就是劳动发展史。从经济学角度看,劳动是指具有一定劳动知识和技能的人或人群,运用一定的生产工具,作用于劳动对象,创造物质财富和精神财富的活动,强调劳动是人与自然之间通过能量交换来创造物质财富,从而满足人的需要的活动。从哲学角度看,劳动是主体对于客体的目的性改造活动,强调劳动是人的本质性活动,是人区别于动物的目的性物质活动。从物理学角度看,劳动是一种复杂的特殊物质运动形式,包含最简单、最基础的机械运动形式和最复杂、最高级的思维运动形式,强调劳动是劳动力的使用或消费。

几十年改革开放的伟大实践中,党和人民在不断探索、不断改革创新中通过辛勤劳动换来伟大事业的实践成果。实践证明,社会主义是干出来的,新时代也是干出来的。要把新时代坚持和发展中国特色社会主义这场伟大社会革命进行好,根本上靠劳动,靠劳动者创造。一切不劳而获、投机取巧、贪图享乐的思想都是错误的,任何时候任何人都不能看不起普通劳动者。劳动不仅仅是一种谋生手段,更是人的自我创造与自我实现的主要方式,所以它没有种类与差序之分,一切劳动都值得尊重和鼓励。

劳动教育是植根中华优秀传统文化，承载以劳立德、以行铸魂理念，是中国特色社会主义教育制度的重要内容。《辞海》将"劳动教育"归为德育的内容之一。《教育大辞典》侧重从实践出发，强调劳动教育即劳动、生产、技术和劳动素养方面的教育，旨在培养学生正确的劳动观点、劳动态度、劳动习惯，使学生获得工农业生产基本知识和技能。《中国百科大辞典》将劳动技术教育解释为全面发展教育的重要组成部分之一，指出其由劳动教育和技术教育两部分组成。《意见》中明确指出："劳动教育是中国特色社会主义教育制度的重要内容，直接决定社会主义建设者和接班人的劳动精神面貌、劳动价值取向和劳动技能水平。"新时代劳动教育的总体目标是："通过劳动教育，学生能够理解和形成马克思主义劳动观，牢固树立劳动最光荣、劳动最崇高、劳动最伟大、劳动最美丽的观念；体会劳动创造美好生活，体认劳动不分贵贱，热爱劳动，尊重普通劳动者，培养勤俭、奋斗、创新、奉献的劳动精神；具备满足生存发展需要的基本劳动能力，形成良好劳动习惯。"

（二）新时代劳动教育的时代特征

劳动教育是一个动态、发展的概念，其内涵随着时代的变化而不断丰富、发展和完善。社会在发展，教育在进步，劳动教育在与社会的互动中呈现出科学性、时代性与多样性特色，注重新兴技术支撑和社会服务新变化，不断适应科技发展和产业变革。具体而言，表现在以下三个方面：

1. 科学化教育理念

劳动教育具有树德、增智、强体、育美的综合育人价值，劳动教育必须坚持综合育人理念，成为与德智体美并行的教育。习近平总书记强调德智体美劳的高标准、全素质，凡是不利于实现这个目标的做法都要坚决改过来。因而，劳动教育需要得到重视而不能在学校中被弱化，在家庭中被软化，在社会中被淡化，它事关个人发展、民族复兴和国家富强。我们要从培养自身良好的劳动价值观和促进自身全面发展的角度出发，并积极参与各种形式的劳动教育，而不能仅仅满足于简单的劳动技能、劳动知识的教育。

2. 时代化教育内容

劳动在不同的时代具有不同的特质。在农业文明时代，生产劳动主要是以经验或技术的方式进行；在工业文明时代，生产劳动是以技术加科学的方式进行，强调制造；而在信息时代，科技制胜，生产劳动演变成以科学技术的方式进行，人才成为第一资源，创新成为发展的第一动力，劳动更在于"智造"而非"制造"。不同时代劳动特质的变化，要求劳动教育的内容与时俱进并具有鲜明的时代特征。大学生在适应时代发展特点的同时尚进尚新，以"有本领"的面貌实现自己的时代担当。

3. 多样化教育形式

新时代劳动教育强调教育与劳动相结合，强调兼顾传统劳动和新型劳动，注重劳动素养的培养，因此，劳动教育的实施要拓宽实施渠道，强化家庭、学校、社会综合实施，要因地制宜，深化产教融合，创新劳动教育模式，丰富劳动教育形式和载体。既要重视传统体力劳动，更要重视创造性的非体力劳动形式，如科学技术的发明创造、公益活动、志愿服务，以及其他非物质劳动形式，如数字劳动、体育劳动等。

（三）新时代劳动教育的育人功能

长期以来，在应试教育的裹挟和压力下，"唯考试""唯分数""唯升学"等扭曲的评价方式让劳动教育在一定程度上被忽视，在一些青少年中出现了不珍惜劳动成果、不想劳动、不会劳动等现象，劳动教育独特的育人作用被淡化和弱化。劳动教育，不仅仅是劳动本身的体能训练，更重要的是在劳动实践中，引导学生自主发现问题并开展研究，通过整合知识技能去分析问题、解决问题，从而将单一的体能劳动转化为具有创新思维含量的创造性劳动，在培养"四个最"劳动价值观的同时，引导学生学会感恩、学会敬畏、学会团结、学会分享，真正体味到劳动的意义和价值。正如《意见》所指出的一样："积极探索具有中国特色的劳动教育模式，创新体制机制，注重教育实效，实现知行合一，促进学生形成正确的世界观、人生观和价值观。"

2009年3月18日，习近平总书记在学校思想政治理论课教师座谈会上发表的重要讲话中指出："要坚持显性教育和隐性教育相统一，挖掘其他课程和教学方式中蕴含的思想政治教育资源，实现全员全程全方位育人。"[1]加强高校劳动教育工作，我们既应重视显性教育，给大学生讲授就业和职业规划息息相关的劳动科学知识，又应深化隐性教育，通过思政课、专业课和第二课堂活动，把马克思主义基本原理中关于劳动经典解读、中国特色社会主义理论体系中习近平总书记关于劳动的重要论述阐释和"形势与政策"中关于当前劳动力市场的分析与发展展望等重大理论，抽丝剥茧、由表及里，把"大道理"讲得深入浅出，在学生心灵中埋下真善美的种子，把立德树人的根本任务落细落实。要善于抓住"互联网+教育"的发展契机，充分利用信息化手段，精心打造网络、App、微信公众号、微博等新媒体平台传播弘扬劳动精神。注重加强劳动教育网络资源和平台建设，创新学校劳动育人方式，充分挖掘不同课程所蕴含的育人价值，从而将劳动精神渗透到学生学习生活中，更广泛、更深层实现隐性劳动教育的教化作用。

二、培育和践行社会主义核心价值观的应有之义

核心价值观是一个民族赖以维系的精神纽带，是一个国家共同的思想道德基础。社会主义核心价值观是当代中国精神的集中体现，凝结着全体中国人民共同的价值追求，回答了我们要建设什么样的国家、建设什么样的社会、培育什么样的公民的重大问题。"富强、民主、文明、和谐，自由、平等、公正、法治，爱国、敬业、诚信、友善"，把涉及国家、社会、公民三个层面的价值

---

[1] 习近平主持召开学校思想政治理论课教师座谈会[EB/OL].（2019-03-18）[2019-03-18] http://www.gov.cn/xinwen/2019-03/18/content_5374831.htm?tdsourcetag=s_pcqq_aiomsg.

要求融为一体，这与劳动教育的价值意蕴内在一致。

（一）马克思主义劳动观是培育和践行社会主义核心价值观的根基

劳动是马克思思想体系中的核心观念，马克思把劳动比喻成整个社会为之旋转的太阳。马克思、恩格斯关于劳动的解读构成马克思主义劳动观，其主要内容包括劳动历史观、劳动幸福观、劳动政治观等。

1. 马克思主义劳动历史观，彰显尊重劳动的人民立场

马克思主义劳动历史观也就是马克思主义的劳动本质论，主要有三个基本观点。首先，人是劳动的产物，劳动创造了人类生存所必需的全部物质条件和精神条件。劳动是人的生命存在和全部社会活动的前提，作为生命存在的人要解决吃、穿、住的生活问题，必须从事生产劳动，通过劳动改造自然，从大自然中获取生活资料。其次，劳动是人类全部社会关系形成和发展的基础。人们在劳动过程中，一方面同自然界发生关系，另一方面在人们之间又结成了生产关系。最后，劳动是促使社会历史发展的根本推动力量。社会发展的最终决定力量不是精神、意志、神灵，而是人的劳动实践。

马克思主义认为，人不仅凭借劳动满足最基本的生存需要，实现社会财富的创造和积累，而且人最终也要通过劳动来实现人之为人的自由本质。劳动不但创造了人的物质生活，也充盈着人的精神世界，使人得以成长。劳动是社会历史的起点和人类基本的历史活动。劳动对于人和人类产生、发展的根本作用，正是劳动神圣、伟大的根本。

2. 马克思主义劳动幸福观，彰显热爱劳动的劳动情怀

"我的劳动是自由的生命表现，因此是生活的乐趣。"这是马克思的劳动幸福观。马克思认为，幸福是物质追求和精神追求的统一、享受和创造的统一、个人幸福和社会幸福的统一。幸福不是单纯的享受，也意味着通过劳动创造物质财富和精神财富，劳动创造财富转化为劳动创造价值。因此，劳动不仅能为个人创造美好生活，也能给社会创造更多财富和价值。马克思主义的劳动幸福

观表明，劳动是幸福的源泉，幸福来自现实劳动生活中的满足感、愉悦感和收获感，人们对幸福的追求只能在人的劳动实践中展开。因此，每个人只有把个人幸福与国家兴旺、人民幸福紧密结合起来，摒弃个人主义、拜金主义、享乐主义幸福观，树立马克思主义幸福观，辛勤劳动、诚实劳动、创造性劳动，才是真正意义上的幸福。

3. 马克思主义劳动政治观，彰显劳动人民的政治信仰

在人类发展历史上，只有马克思主义政党的成立，劳动人民才在政治上由被动转为主动，才成为自己命运的主人，才成为解放自身和解放全人类的根本政治力量。这种政治力量既是劳动的主体，又是创造历史的主体，更是改变世界的主体。正如毛泽东同志所说："人民，只有人民，才是创造世界历史的动力。"①因此，如何对待劳动、劳动者、劳动模范、劳模精神，就合乎逻辑地是一个严肃的政治问题。劳动，是共产党人保持政治本色的重要途径，是共产党人保持政治肌体健康的重要手段，也是共产党人发扬优良作风、自觉抵御"四风"的重要保障。显然，劳动已经成为检验马克思主义政党和政权性质的"晴雨表"。习近平总书记高度赞赏新时代劳模精神。劳模精神是社会主义核心价值观的生动展现，新时代劳模精神因其从个别发现一般，从现象发现本质，从偶然发现规律，因而超越时空、超越地域、超越民族，在蓬勃发展的中国特色社会主义新时代，自然成为弘扬社会主义核心价值观的精神向导。

（二）习近平的劳动观是培育和践行社会主义核心价值观的基本遵循

党的十八大以来，在继承和发展马克思主义劳动观的基础上，习近平总书记结合新时代历史特点，对马克思主义劳动观进行了创新性解读，丰富和发展了马克思劳动观。劳动是推动人类社会进步的根本力量。我们要崇尚劳动、尊重劳动者。劳动者不仅可以自由劳动，而且可以通过劳动追逐个人人生梦想，实现人生价值，创造更加美好的生活。习近平总书记给中国劳动关系学院劳模

---

① 毛泽东.毛泽东选集：第 3 卷[M].北京：人民出版社，1991：1031.

本科班学员的回信强调:"劳动最光荣、劳动最崇高、劳动最伟大、劳动最美丽。全社会都应该尊敬劳动模范、弘扬劳模精神,让诚实劳动、勤勉工作蔚然成风。"①为此,我们党制定了新时代评价劳动价值的社会标准,主张任何职业没有高低贵贱之分,不能差别、歧视地对待体力劳动和体力劳动者,并要求通过价值塑造、劳动实践、制度建设等几个方面,引导人们树立正确的劳动观,营造崇尚劳动及尊重劳动的浓厚氛围。

1. 大力弘扬劳动精神、工匠精神和劳模精神

党的十八大以来,习近平总书记多次礼赞劳动创造,讴歌劳模精神、劳动精神、工匠精神。2020年11月24日,在全国劳动模范和先进工作者表彰大会上的重要讲话中,总书记精辟阐释了这三种精神的科学内涵,分别是"爱岗敬业、争创一流、艰苦奋斗、勇于创新、淡泊名利、甘于奉献的劳模精神""崇尚劳动、热爱劳动、辛勤劳动、诚实劳动的劳动精神""执着专注、精益求精、一丝不苟、追求卓越的工匠精神",强调它们"是以爱国主义为核心的民族精神和以改革创新为核心的时代精神的生动体现,是鼓舞全党全国各族人民风雨无阻、勇敢前进的强大精神动力"。

2. 关爱劳动者,注重构建和谐劳动关系

习近平总书记要求坚持人民当家作主地位,坚持公平正义原则,构建合理的利益协调机制,不断提升劳动者的经济、政治、社会地位,实现好、维护好、发展好广大劳动者的根本利益,让他们拥有更加体面的工作。要求树立正确的义利观,依法处理劳动关系纠纷,构建起以人为本、互助共赢的和谐劳动关系。

3. 重视劳动教育,注重提升劳动者素质

习近平总书记非常重视劳动教育,强调提高广大劳动者的综合素质,就加快发展职业教育作出重要指示:"要树立正确的人才观""弘扬劳动光荣、技能宝贵、创造伟大的时代风尚,营造人人皆可成才、人人尽展其才的良好环境,

---

① 习近平在同全国劳动模范代表座谈时的讲话[EB/OL].(2013-04-28)[2013-04-28] http://www.gov.cn/ldhd/2013-04/28/content_2393150.htm.

努力培养数以亿计的高素质劳动者和技术技能人才"。①2018 年 9 月 10 日，习近平总书记在全国教育大会上首次提出党的教育方针是培养德、智、体、美、劳全面发展的社会主义建设者和接班人，系统阐述了新时代中国特色社会主义劳动教育思想，指出"要在学生中弘扬劳动精神，教育引导学生崇尚劳动、尊重劳动，懂得劳动最光荣、劳动最崇高、劳动最伟大、劳动最美丽的道理，长大后能够辛勤劳动、诚实劳动、创造性劳动"②，明确了新时代中国特色社会主义劳动教育的价值遵循。

（三）崇尚劳动是培育和践行社会主义核心价值观的根本途径

崇尚劳动是中华民族优秀传统文化的核心内容和精髓，是培育和践行社会主义核心价值观的文化沃土。每年在全国各条战线涌现出的劳动模范，是我国广大劳动群众的优秀代表，他们以热爱劳动、勤于劳动的模范行动，为促进社会的发展作出了贡献；他们以爱岗敬业、艰苦奋斗的劳模精神，为社会创造了新的精神财富。表彰劳模精神，是造就劳动最光荣的观念，培养劳动最神圣的信念；倡导劳模精神，是推动广大劳动群众在劳动岗位上作出更多的贡献，实现更高的社会价值；弘扬劳模精神，是建设中国特色社会主义社会的强大精神支柱。

劳模精神集中体现了社会主义核心价值观的要求，是构建和谐文化的根本，是贯穿了社会公德、职业道德、家庭美德、个人品德各方面的精神精华。弘扬劳模精神更要在多样化的价值取向中确立社会的主导价值取向，让劳模精神成为受推崇的精神品格。就是要在多层次的价值标准中标明社会的高尚价值准则，让劳模精神成为受尊重的精神圣地，践行社会主义核心价值观。随着经济体制深刻变革、利益格局的深刻调整，人们在思想认识上的独立性、选择性、差异

---

① 习近平：加快发展职业教育 让每个人都有人生出彩机会[EB/OL].2014-06-23，新华网.
② 习近平在全国教育大会上的讲话[EB/OL].（2018-09-10）[2018-09-10]http://www.moe.gov.cn/jyb_xwfb/s6052/moe_838/201809/t20180910_348145.html.

性日益增强，各种价值观念纷繁变幻。引领劳模精神，有利于推进社会主义核心价值体系的理论建设、宣传教育和学习践行，有利于社会主义核心价值体系更好地走进群众、引领群众，可以把不同阶层、不同认识水平的人们团结和凝聚起来，牢固树立社会主义核心价值观。

"劳动最美"是我们对劳动者的尊重。尊重劳动、尊重知识、尊重人才、尊重创造是我国发展建设的基本纲领，以人为本是社会主义核心价值观的核心价值理念，是尊重人民群众的首创精神。在我国大步迈向小康社会的过程中，工人阶级和劳动群众发挥了主力军的作用，他们的辛勤劳动和艰辛付出才换来我们今天的幸福生活，也正是基于他们"爱岗敬业、争创一流、艰苦奋斗、勇于创新、淡泊名利、甘于奉献"的劳模精神，我们对国家的未来充满信心，对民族的复兴满怀期待。

广大青年只有尊重劳动、参与劳动、热爱劳动，才能真正建设"富强、民主、文明、和谐"的国家，才能真正实现"自由、平等、公正、法治"的社会，才能真正成为"爱国、敬业、诚信、友善"的公民。简而言之，只有"撸起袖子加油干"，才能"修身齐家平天下"，才能让社会主义核心价值观在中华大地落地生根。所以说，社会主义核心价值观的价值要求与劳动在更高阶段所达到的和谐的社会状态、涌流的社会财富、崇高的个人品格具有一致性；而在劳动实践中所锻炼的"爱岗敬业、拼搏进取、创新创造"等劳动精神也正是社会主义核心价值观的生动呈现。所以说，劳动是培养和践行社会主义核心价值观的必由之路，而劳动教育则是培育和践行社会主义核心价值的应有之义。

三、实现中华民族伟大复兴中国梦的重要保障

"以劳动托起中国梦"是 2015 年 4 月 28 日习近平总书记在庆祝"五一"国际劳动节暨表彰全国劳动模范和先进工作者大会上的发言。中国特色社会主义是干出来的，当代中国的一切成就也是在劳动中取得的。我们的国家，我们的民族，从近代积贫积弱一步一步走到今天的繁荣发展，靠的就是一代又一代

中国人的顽强拼搏和自强不息的奋斗精神。空谈误国，实干兴邦，实现中华民族的伟大复兴，是一项光荣而艰巨的事业，需要每一个人付出艰苦努力。习近平总书记强调："面向未来，全面建成小康社会要靠实干，基本实现现代化要靠实干，实现中华民族伟大复兴要靠实干。"①劳动教育应充分发挥其树德、增智、强体、育美、创新的综合育人价值，不断激发蕴藏在劳动者主体内的智慧和潜能，强化其社会责任意识和奉献意识，不断克服社会生产过程中遇到的各种难题，不断优化生产工具，不断提升自我素质，不断促进社会生产力发展，从而推动经济发展和社会进步，是实现中华民族伟大复兴中国梦的重要保障。

（一）劳动教育助推中国特色社会主义事业不断向前

党的十九大对 2020 年到本世纪中叶的社会主义现代化建设做出了全面谋划，提出分两个阶段来安排：第一个阶段是从 2020 年到 2035 年，在全面建成小康社会的基础上，再奋斗 15 年，基本实现社会主义现代化；第二个阶段是从 2035 年到本世纪中叶，在基本实现现代化的基础上，再奋斗 15 年，把我国建成富强、民主、文明、和谐、美丽的社会主义现代化强国。青年是国家的未来、民族的希望，社会主义现代化强国目标终将在一代一代青年的接力奋斗中实现，强国一代的当代青年要实干、奋斗，通过我们的辛勤劳动和诚实劳动为实现强国梦想添砖加瓦。我们要在全社会大力弘扬劳动精神，推动全社会热爱劳动，投身劳动，爱岗敬业，让劳动光荣成为铿锵的时代强音，让勤奋做事、勤勉为人、勤劳致富在全社会蔚然成风，为实现中华民族伟大复兴的中国梦凝聚强大精神动能，把中国特色社会主义建设事业不断推向前进。

（二）劳动教育助力中华民族伟大复兴进程不断向前

劳动造就了中华民族的辉煌历史，也必将创造出中华民族的光明未来。因

---

① 习近平在广东考察工作时的讲话[EB/OL].（2012-12-07）[2012-12-07]http://theory.people.com.cn/n/2014/0902/c40531-25587678.html.

为劳动创造了物质财富和精神财富,是人类文明进步发展的源泉。劳动最核心的底蕴就是实干和奋斗,只有脚踏实地并诚实劳动,才能实现人世间的美好梦想,破解发展中的各种难题,铸就生命里的一切辉煌。回望我党百年奋斗历程和中华人民共和国 70 余载的过往,从站起来、富起来到强起来,无论多么辉煌,背后都是普通劳动者的艰辛劳动。正是在筚路蓝缕与挥汗如雨的劳作中,我们托起了一个充满活力的现代中国,使中华民族迎来了实现伟大复兴的光明前景。现在,我们比历史上任何时期都更接近实现中华民族伟大复兴的中国梦的光明前景。越是接近目标,越要依靠劳动,在新时代坚持和发展中国特色社会主义的伟大实践中不断进行艰辛而富有创造性的劳动,不断把中华民族伟大复兴事业推向前进。

四、培育全面发展时代新人的根本指针

习近平总书记关于教育的重要论述,把培养时代新人这一重要使命放在世界百年未有之大变局、党和国家事业发展全局中来审视。当今世界的综合国力竞争,说到底是人才竞争,人才越来越成为推动经济社会发展的战略性资源,教育的基础性、先导性、全局性地位和作用更加凸显。人才济济、人尽其才,是大国强国应有的气象,也是一个国家崛起的重要支撑。我们需要什么样的时代新人?怎样培养?为谁培养?

习近平总书记在全国教育大会上明确提出"培养德智体美劳全面发展的社会主义建设者和接班人"。中共中央、国务院印发的《关于深化教育教学改革全面提高义务教育质量的意见》旗帜鲜明地提出:坚持"五育"并举,全面发展素质教育。劳动教育是"五育"并举育人理念的重要组成部分,是中国特色社会主义教育制度的重要内容,直接决定社会主义建设者和接班人的劳动精神面貌、劳动价值取向和劳动技能水平,是培养时代新人的必要途径,具有树德、增智、强体、育美的综合育人价值。从历史的维度来看,是劳动创造了人类的文明进步,回望中华民族伟大复兴的征程,是劳动构筑起

通向梦想的坚实阶梯；从实践的维度来看，全面建成社会主义现代化强国、实现第二个百年奋斗目标，以中国式现代化全面推进中华民族伟大复兴，从根本上来说是靠劳动、靠劳动者创造的，以劳动托起中国梦。《关于全面加强新时代大中小学劳动教育的意见》明确提出"构建德智体美劳全面培养的教育体系"，确立了新时代劳动教育的基本原则、目标内容、实施路径和保障机制，就是贯彻落实习近平总书记关于培养时代新人重要指示的具体举措，为培养担当民族复兴大任的时代新人提供了根本指针。

第三节　新时代劳动教育的时代内涵

党的十八大以来，党和国家有关部门推进劳动教育理论政策革新，落实劳动教育实践，强调劳动教育在中国特色社会主义新时代育人过程中的重要价值。2020年3月20日，国务院颁布《关于全面加强新时代大中小学劳动教育的意见》，肯定了以往劳动教育发展的成绩，尤其是实践育人方面的成效，而这种成效本身就带有十分鲜明的时代烙印。新时代劳动教育体现了社会主义办学方向，坚持了"五育并举"综合育人理念，兼顾了传统劳动和新型劳动之间的关系，着眼于学生的终身幸福和全面发展，更加注重劳动者素养的培养。精准把握新时代劳动教育的内涵、特征和价值，增强劳动教育的实效性，是顺应时代发展变化的应然之举，是培养德智体美劳全面发展的社会主义建设者和接班人的应有之义。

一、"为人民服务"宗旨意识是新时代劳动教育的价值取向

"人民，只有人民，才是创造世界历史的动力。"人民是物质资料的生产者，精神生活的创造者，同时也是社会变革的推动者。纵观历史，中国共产党

无论是在革命、建设和改革的不同历史时期，始终将"为人民服务"作为党的根本宗旨，一切为了人民，一切相信人民，一切依靠人民，团结和带领中国人民朝着中华民族伟大复兴的目标奋勇前进。

（一）坚持人民性与时代性相统一

习近平总书记在很多场合多次强调"人民对美好生活的向往，就是我们的奋斗目标"。党的十八届五中全会首次提出了以人民为中心的发展思想，党的十九大也再次重申以人民为中心的理念，特别是在 2019 年 3 月习近平总书记在回答意大利众议长菲科提问时"我将无我，不负人民"的深情表达，更是彰显了中国共产党人的人民情怀。发展教育事业，坚持教育的人民性，实现人的全面发展是中国共产党教育事业的价值目标，也是中国特色社会主义教育制度的本质特征，始终坚持为人民服务也是劳动教育改革必须坚持的指导思想。

劳动教育的价值理念是以人为本，始终坚持人民的主体地位，一方面强调劳动教育的内容，通过劳动教育使学生透过历史与现实认识到人民群众的首创精神，认识到人民群众的无穷智慧和力量；另一方面强调新时代中国特色社会主义教育发展道路以造福人民、办好人民满意的教育为工作目标。劳动教育是社会主义教育的重要特征，最终目的是通过劳动精神、工匠精神等的培养与弘扬，在全社会范围内形成尊重劳动者的风尚，使受教育者热爱劳动，力所能及地积极参加社会服务型劳动、公益志愿活动、生产劳动等，树立服务意识，将自己所学知识和技能转化到全心全意为人民服务的事业中。劳动教育不仅关系国家发展、民族复兴，而且关系到人民群众对美好生活的向往。美好生活是靠奋斗得来的，劳动教育要牢牢坚持为中国共产党治国理政服务，为社会主义现代化服务，不断满足人民群众的期待，推动劳动教育的人民性达到最高水平。

与时俱进是马克思主义劳动教育观的理论品格。问题是时代的声音，针对劳动教育中存在的薄弱环节和问题，比如劳动教育在学校中被弱化、在家庭中被软化、在社会中被淡化，一些青少年不懂劳动、不会劳动的现象出现，劳动的独特育人价值在一定程度上被忽视，劳动教育引起全党全社会的高度重视，是新时代党对教育的新要求。伴随着科技进步时代发展和产业变革，新时代劳动工具、劳动技术、劳动形态发生新变化，客观上要求创新劳动教育内容、途径和方式，增强劳动教育的时代性。新时代劳动教育植根中华大地，以习近平新时代中国特色社会主义思想为指导，着力破解劳动价值观以及教育发展难题，紧密结合经济社会发展变化和学生生活实际，探索具有中国特色的劳动教育模式，体现社会主义教育的本质要求，既坚持了马克思主义劳动观和中国特色社会主义教育发展道路，又站在时代前列，把握劳动教育的新特点新规律，抓住劳动教育现代化的主流趋势。

（二）坚持思想性与实践性相统一

思想性是劳动教育的灵魂，它注重强调劳动是一切财富、价值的源泉，劳动者是国家的主人，一切劳动和劳动者都应该得到鼓励和尊重。现阶段增强劳动教育的思想性需要注意以下几个方面：坚定不移地贯彻马克思主义劳动观，为劳动教育的思想性提供理论指导；劳动教育者的高尚道德情操是实现劳动教育思想性的前提；深入劳动生活、了解人民群众为劳动教育的思想性提供现实根源。现阶段，增强劳动教育的思想性就是要始终弘扬社会主义核心价值观，倡导通过诚实劳动创造美好生活、实现人生梦想，反对一切不劳而获、崇尚暴富、贪图享乐的错误思想。

哲学家们只是用不同的方式解释世界，问题在于改变世界。实践性是马克思主义的根本特征。人通过实践来确证自己的本质，实践活动不仅包括最基本的物质生产实践，还包括社会政治实践、科学实验、艺术活动、虚拟实践等。劳动教育的主要目的是通过引导学生以动手实践为主要方式，在认识世界的基础上，更好地改造世界和塑造自我，从认识世界到建设世界的过程是建立在社会实践基础上的。劳动教育的实践性从形式上看表现为一般社会实践与具体劳动实践相结合，打破了以往对劳动形式的简单机械理解；另外也通过树德、增智、强体、育美的综合育人功能表现出来。劳动教育突出强调让学生面向真实的生活世界和职业世界，在现实生活中获得积极的价值体验，而不是简单地停留在课堂上去"听"劳动，停留在网络或电视上"看"劳动，要实实在在地去劳动，切身感受劳动和劳动者的不易，去体会"自己动手丰衣足食"的快乐，而不是一种停留在表面或形式上的外部灌输。劳动教育活动不同于一般的对劳动的认识过程，作为一种具有自己独特形式的认识活动，既符合一般认识规律，又有自己的实践活动特点。这一劳动教育过程既要遵循感性思维上升到理性思维的一般规律，又要关注劳动思维的形成；不仅要关注理性思维对具体实践的指导，又要关注劳动教育过程中客观实践活动对教育者和被教育者的改造作用。

2018年4月，习近平总书记在给中国劳动关系学院劳模本科班学员回信中强调："社会主义是干出来的，新时代也是干出来的。"而"为谁干"是这个问题的关键所在，不仅是为"小我"价值的实现，更是为实现"大我"即中华民族伟大复兴的中国梦而奋斗。无论是2003年抗击非典、2008汶川特大地震，还是2020年新冠肺炎疫情，总是能听见"我是党员，我先上"的声音。广大党员、干部在危难时刻挺身而出，一支支党员突击队迅速集结、奋力拼搏，中国共产党人一次又一次用实际行动诠释了"为人民服务"的根本宗旨。广大青少年只有牢固树立"为人民服务"的宗旨意识，才能进一步坚定理想信念，才能在国家危急，人民需要的时候正确处理好"小我"与"大我"的关系，义无反顾，英勇奋斗，用实际行动诠释当代人的责任与担当。

二、"四个最"劳动价值观是新时代劳动教育的本质要求

劳动价值观，是劳动者在具体劳动实践中逐步形成的价值追求，既体现马克思主义理论的思想性，又体现广大劳动者劳动的实践性，是理论与实践的统一；既体现与时俱进的时代性，又蕴含文化基因的传统性，是历史与现实的统一。中国特色社会主义劳动价值观，是中国广大劳动人民在马克思主义劳动观的指导下，通过中国革命、建设和改革的伟大实践，从中国优秀传统文化沃土

中孕育出的具有中国特色的社会主义价值追求。2018年，习近平总书记在全国教育大会上明确提出了"劳动最光荣、劳动最崇高、劳动最伟大、劳动最美丽"的"四个最"劳动价值观，这是马克思主义劳动观的中国表达，也是我国社会主义新时代劳动价值观的集中体现。

（一）劳动最光荣

劳动既是一个人生存的手段，也是一个人对社会、对国家应尽的义务。小到个人、家庭，大到民族、国家，坚持辛勤劳动就能兴旺发达；而好逸恶劳、贪图享乐，则只能衰败和灭亡。中华民族是一个勤劳的民族，凭借辛勤劳动的精神，创造了光耀世界的华夏文明。我们每个人都要继承和发扬这种优良的传统，坚持以辛勤劳动为荣、以好逸恶劳为耻，做到勤奋学习、英勇劳动、扎实工作，兢兢业业地在本职工作岗位上创造一流的工作业绩，为全面建成小康社会添砖加瓦、多做贡献。

（二）劳动最崇高

劳动是对一个人最起码的要求，也是最高的要求。这是因为任何一个人要从社会获得生活条件，就要从事一种职业，干活才能吃饭，不劳者不得食，否则只能成为社会的"寄生虫"。任何一个人要安身立命，就要投入到劳动中。而从更高的层面来看，一个人有了一份职业，不等于就拥有了一份事业。要想干出一番事业，就要坚持不懈地付出较多的劳动，全身心地投入到事业中去，把职业当成事业，为社会多做贡献。从这个意义上来看，劳动既是衡量一个人的起码条件，又是衡量一个人的最高条件，可以成就一个人最崇高的追求。

（三）劳动最伟大

按照党的十八大部署，实现"两个一百年"目标，是摆在全国人民面前的共同理想。完成这一历史使命，是一项最伟大的事业，需要靠劳动来创造，需要全体人民辛勤工作。不可否认,当前我国人口多、底子薄,地区发展不平衡,生产力不发达的状况还没有根本改变。因而要求我们决不能自满,决不能懈怠,决不能停滞,更不能一劳永逸、贪图安逸、追求享受。只有坚持不懈地辛勤劳动,才能达到胜利的彼岸、创造更加幸福美好的未来。

(四)劳动最美丽

如果要问世上什么最美,那就是劳动最美。从近年来开展评选的最美"村官"、最美消防员、最美医生、最美基层干部等活动来看,这些平凡而又普通的劳动者,之所以能够感动社会、感动中国,就是他们把劳动当成一种责任和担当,把劳动当成人生最大的价值,把劳动当作立身处世的最大美德,恪尽职守、无私奉献、兢兢业业、爱岗敬业,在平凡中彰显不凡,在干事创业中建功立业,从而树立了最美的形象。可以说,"劳动最美"正成为时代的重要特征,成为人们不变的价值取向。

人世间的一切幸福都是要靠辛勤的劳动来创造的。从习近平总书记强调"劳动最光荣、劳动最崇高、劳动最伟大、劳动最美丽"中,我们读出了一种力量、一种精神、一种风尚。只有崇尚劳动、热爱劳动、尊重劳动、辛勤劳动,才能创造最大的价值;只有勤奋敬业、艰苦奋斗、脚踏实地、真抓实干,才能创造巨大的财富,实现中华民族伟大复兴的中国梦。

在新冠肺炎疫情期间,各行各业涌现出的最美劳动者、逆行者,就是"四个最"劳动价值观的生动演绎和具体实践。大中小学劳动教育必须要将"四个最"劳动价值观作为劳动教育的本质要求,旗帜鲜明地反对一切不劳而获、贪图享乐、崇尚暴富的错误思想,弘扬艰苦奋斗、勤俭节约的劳动精神。具体而言,在中小学教育阶段,要侧重于从劳动教育中增进劳动情感,在劳动人格上倡导"劳动最光荣",在劳动使命上倡导"劳动最崇高",在劳动成就上倡导"劳动最伟大",在劳动实践上倡导"劳动最美丽";在大学教育阶段,则要注重从劳动教育的理性层面和创新创造的视角,引导学生用马克思主义劳动观理解"四个最"劳动价值观的时代内涵,用创新性思维培养创造性劳动的能力。

三、"敬业奉献"劳模精神是新时代劳动教育的核心要义

2020年11月,习近平总书记在全国劳动模范和先进工作者表彰大会上指出:"劳动模范是民族的精英、人民的楷模,是共和国的功臣。"劳动模范身上体现的"爱岗敬业、争创一流、艰苦奋斗、勇于创新、淡泊名利、敢于奉献"的劳模精神,是伟大时代精神的生动体现。[1]劳动模范是时代的先锋、民族的楷模,他们身上承载和彰显的劳模精神一直发挥着引领作用,丰富和拓展了中国精神内涵,充分展现了我国新时代工人阶级和劳动群众的高度自信,已成为社会主义核心价值体系的重要组成部分。进入新时代,我们要深刻把握劳模精神的崭新意蕴与当代价值,大力弘扬劳模精神,推动全社会形成尊重劳动、劳动光荣的良好风尚。

(一)劳模精神是马克思主义劳动观的生动体现

马克思对具有社会历史属性的"劳动"进行了深入剖析,认为在人从自然界分化出来演化成自然人,再进而成为社会人的过程中,劳动发挥着决定性的作用。劳动解放人可以进一步理解为劳动解放人的社会关系,推动不合理的社会关系发生变革,从而使人获得社会关系的解放。社会主义制度下的劳动真正体现出劳动者的自主性,劳动不再是异化的、外在的、脱离了人的本性的东西,劳动者通过自己的劳动肯定自己,在劳动中感受幸福,在劳动中体现人与人的平等关系,这为劳模精神的产生与发展提供了重要土壤。马克思主义劳动观深刻反映了中国工人阶级和广大群众通过劳动在价值创造中的积极作用,为我们继承和弘扬劳动者伟大的劳动价值精神提供了理论支撑。劳模精神是社会主义劳动者在劳动中推动社会发展和实现精神文明的产物,中国特色社会主义开辟

---

[1] 习近平在同全国劳动模范代表座谈时的讲话[EB/OL].(2013-04-28)[2013-04-28] http://cpc.people.com.cn/n/2013/0429/c64094-21323712.html.

了社会主义在中国发展的独特进程,而劳模精神在这一独特进程中不断焕发出强大的生命力、创造力、战斗力、感染力、凝聚力、影响力,成为中华民族宝贵的精神财富,在中华民族站起来、富起来、强起来的伟大历史进程中发挥了不可替代的重要作用。

(二)劳模精神是我国优秀传统劳动文化的时代结晶

回顾灿烂的中华文明史,中国人民劳动精神的形成与劳动人民的生产和生活实践以及中华民族崇尚劳动的传统文化密不可分。在我国传统文化中,一向推崇对劳动实践的认同、对劳动精神的传承、对劳动文化的传播。远古时代,钻木取火、神农氏教民稼穑、大禹治水的劳动故事就广为流传。明朝时期宋应星所著的《天工开物》收录了农事、手工制造诸如机械、兵器、火药、纺织、染色、制盐、采煤等技术,集中体现了古代劳动人民在自然科学、工业制造等方面的劳动创造和发明成就。中华儿女用辛勤的劳动创造了中国灿烂的历史文化,锻造了中国人朴实、勤奋的优秀品格。这一品格始终贯穿于社会生产的发展和实践当中,不断推动生产力的进一步发展,艰苦奋斗、甘于奉献、不为名利的劳动精神也在历史文化中熠熠生辉。我国优秀的传统劳动文化,为劳模精神的形成注入了民族文化基因,让劳模精神成为创造民族辉煌的根本力量和推动民族继续向前发展的精神支柱。同时,劳模精神又是对中华优秀传统文化中生生不息崇劳厚生精神因子的继承与阐发。

(三)劳模精神与社会主义核心价值观相融相通

劳动模范和先进工作者"爱岗敬业、争创一流、艰苦奋斗、勇于创新、淡泊名利、甘于奉献"的劳模精神,生动诠释了社会主义核心价值观,是我们的宝贵精神财富和强大精神力量。社会主义核心价值观传承着中华优秀传统文化的基因,寄托着近代以来中国人民上下求索、历经千辛万苦确立的理想和信念,也承载着每个人的美好愿景。劳模精神作为民族精神和时代精神的重要内容,与社会主义核心价值观在文化传承、教育导向、爱国情怀、道德提升等方面高度契合。作为个体，劳动模范以"爱国、敬业、诚信、友善"为行为准则，是个人践行的典范；作为公民，他们以"自由、平等、公正、法治"为社会价值取向，是价值引领的旗帜；作为人民一分子，他们以"富强、民主、文明、和谐"为奋斗目标，将"小我"融入国家发展的潮流中，是价值实现的楷模。

（四）劳模精神植根于中国共产党领导中国人民的长期奋斗实践

劳模精神是中国共产党在长期革命、建设、改革实践中积累起来的宝贵精神财富，源于为中国人民谋幸福、为中华民族谋复兴的初心和使命。新民主主义革命时期，我们党通过培养和表彰一批批劳动模范，在引领和发展革命根据地、社会经济建设中发挥了巨大的示范和带头作用，为革命取得最后胜利奠定了扎实的社会基础。社会主义建设时期，劳动模范以无私奉献、团结苦干的精神积极投身于经济建设中，为引导广大人民群众集中精力恢复和发展国民经济，树立正确的社会主义劳动观念起到重要的推动作用。改革开放以来，广大劳动群众不仅发扬吃苦耐劳、艰苦奋斗的高尚品格，更是在开拓创新、苦干实干中创造了中国奇迹，业务精湛、技术卓越、锐意进取、敢为人先的劳模形象更加深入人心。进入新时代，在中国共产党的领导下，中国人民以实干兴邦的劳动精神，继续谱写中国特色社会主义伟大事业的新篇章，劳模精神、劳动精神、工匠精神更成为社会热词，"劳动最光荣、劳动最伟大、劳动最崇高、劳动最美丽"成为时代强音，为建功新时代、实现中华民族伟大复兴提供了崇尚劳动的价值引领。

（五）劳模精神凝聚建功新时代的磅礴伟力

2018年"五一"国际劳动节之际，习近平总书记在给中国劳动关系学院劳模本科班学员回信中提出，希望"用你们的干劲、闯劲、钻劲鼓舞更多的人，激励广大劳动群众争做新时代的奋斗者"①。劳动模范是"干出新时代"的排头兵,是践行"实干兴邦"的楷模。激励广大劳动群众争做新时代的奋斗者,就是要让实干担当在新时代蔚然成风,让改革创新在新时代焕发活力,让精益求精在新时代落地生根。我们只有持之以恒地弘扬劳模精神,充分调动起广大劳动人民的积极性、主动性和创造性,才能最大限度地聚合起人们饱满的奋斗热情,从而为建功新时代、实现中国梦凝聚起磅礴的中国力量。

为了抗击新冠肺炎疫情,钟南山院士临危受命,担任国家疫情联防联控工作机制科研攻关专家组组长,直面疫情、关键发声,他尊重事实的求实精神、鞠躬尽瘁的敬业奉献赢得了全国人民的崇高敬意。《人民日报》微博这样评价:"84 岁的钟南山,有院士的专业,有战士的勇猛,更有国士的担当。"其实,早在 17 年前钟南山院士就被授予了"抗非英雄"的荣誉称号,2010 年当选为"新中国成立以来最具影响力的劳动模范"。全国劳模张明富是省五一劳动奖章获得者,也与自己女儿的张丽鈜组成"父女兵",走村串户开展防疫宣传、防控排查,给一线干部、民警送肉、送油、送菜;全国劳模申友强在除夕之夜坚持奋战在保电一线,率领服务队为隔离小区排除故障;全国五一劳动奖章获得者史纯清组织团队开展攻关,制作防疫小妙招宣传视频,分享安全防护要点……广大劳模先进以强烈的主人翁责任感、忘我的爱岗敬业精神和无私奉献精神,面对疫情严峻考验奋勇前行,充分发挥了示范引领作用,是无愧于时代的领跑者。新时代劳动教育的核心关键,就是要大力弘扬劳模精神,就是要大力宣传劳动模范的先进事迹,就是要引导广大劳动者爱岗敬业、勤奋工作、锐意进取、用于创造,就是要引导广大青年学生以劳动模范为榜样,发挥不负韶华、只争朝夕的奋斗精神,不断谱写新时代的劳动者之歌。

---

① 习近平给中国劳动关系学院劳模本科班学员的回信[EB/OL].(2018-04-30)[2018-04-30]http://www.xinhuanet.com/politics/leaders/2018-04/30/c_1122766137.htm.

第三章
高职院校劳动教育的实施现状及优化策略

中国特色社会主义进入新时代，以习近平同志为核心的党中央高度重视劳动教育，确立了"德智体美劳"五育并举的新时代教育方针，赋予新时代高职院校劳动教育新的内涵与使命。高职教育在新时代需要大改革、大发展，职业教育的培养目标主要是专业的技术技能型人才，其未来的工作岗位以从事实践性强的工作为主，着力培养高素质劳动者和技术技能人才，继续服务社会经济发展。因此，大力加强劳动教育是高职院校落实立德树人根本任务与促进"三教改革"的重要基础。

第一节　高职院校劳动教育的实施现状

高职教育是我国高等教育的重要类型，也是国家职业教育的重要组成部分。新时代的高职教育担负着培养面向现代化生产、建设、服务和管理第一线等所需要的高技能、应用型专门人才的使命。高职院校的学生，作为应用型和技术型人才，毕业后更多走向劳动生产服务的第一线，这就要求这个群体除了具备应有的专业技术能力，还要有社会责任感、劳动技能和正确的劳动观、就业观。2020年，中共中央、国务院发布《关于全面加强新时代大中小学劳动教育的意见》，对我国劳动教育做了新层次的全面设计和部署。新时代的高职院校担负的历史使命决定学校的教育体系必须增强全面贯彻党的教育方针、抓好新时代劳动教育的紧迫感和责任感。

一、理论研究现状

自新中国成立以来，我国始终重视对劳动者的教育，但随着时间的推移，劳动教育出现了淡化以及弱化现象。同时，关于劳动教育的研究也相对比较少。在2018年召开的全国高等学校教育工作会议上，习近平总书记要求把劳动教育纳入培养社会主义建设者和接班人的总体要求之中，明确提出构建德智体美劳全面培养的教育体系。"五育"并举，将劳动教育纳入全面培养的教育体系，强化劳动教育的地位，使劳动教育成为"五育"之一，而不仅仅是一项简单的活动，劳动教育是当前整个教育体系当中的短板，因此必须加强。目前，越来越多的学者开始研究劳动教育，并获得了不少研究成果。具体包括以下几个方面：

（一）针对中国劳动教育基本内涵的研究

劳动教育的内涵随着时代发展而不断丰富创新。但是至今部分教师、家长还是对劳动教育的内涵有所误解。在学校和家庭教育中，劳动常常窄化为参与简单的体力劳动，致使劳动教育成为与脑力劳动、日常学习无关的活动，被认为是学生的额外负担，也因此使劳动教育的价值没有得到彰显；劳动教育还被等同于技艺学习、娱乐活动、惩罚手段。这些现实畸变都与对劳动教育的内涵缺乏深度解读有关。

目前在劳动教育内涵的理解上，学者们存在一定的分歧，至今还没有一个统一的概念界定。综合来看，学者们主要从形式、内容与目的三个角度对劳动教育的内涵进行了概括阐述。同时，有的学者也提出了国内目前的劳动教育有着丰富的课程内容，具体包含劳动素养、劳动技巧、劳动态度、劳动品格、劳动价值观等。但是在劳动教育核心的认识上不同的学者存在不同的看法。学者们过去的研究认为新时代劳动教育的研究重心是劳动技术教育，但是有学者近些年对劳动价值观的重要性和意义进行了深入研究，并认为这是国内劳动教育在新时代的核心内容。因此，只有对劳动教育内涵进行深入研究，教育工作者才可以精准地把握新时代大学生劳动教育的发展方向。

（二）针对劳动教育理论及其重要性的研究

苏霍姆林斯基的劳动教育观点中，倡导劳动教育不是劳动技能教育，而是以"德"为出发点，强调劳动是一个人全面发展的基础。很多学校将劳动教育理解成技术、技能上的教育，其实是不全面的。劳动教育是为德育服务、为培养健全人格服务的，通过劳动的各种形式去培养人才是学校应该做的。劳动教育的价值主要体现在三个方面：一是生活、生存教育；二是职业启蒙价值；三是联通了"工作的世界"或是"劳动的世界"。此外，劳动还培养了集体主义精神，体现了分工合作精神，所以劳动教育不是可有可无的，它包含了深刻的育人价值。加强劳动教育可以解决四个"不"的问题（即不爱劳动、不会劳动、不珍惜劳动成果、不尊重普通劳动者），让年轻一代了解劳动的价值和意义，形成劳动光荣、技能宝贵、创造伟大的社会风尚。同时还要将劳动形态向上延伸，加强智力劳动的含量，提升教育的境界。

在大部分学者看来，劳动教育不仅存在外部性的社会价值，而且在实质上拥有内部发展价值和人生价值，劳动教育在不同的历史发展阶段有不同的价值取向。目前，学者们主要从以下几个方面来研究劳动教育的价值：第一，新时代劳动发展的特征，学术界对于劳动教育在知识经济时代、人工智能时代对应的内在个体价值十分重视。第二，部分学者和专家基于我国经济快速发展、社会变迁的趋势及特点，探究了高校劳动政治文化教育的外在价值和功能。第三，部分专家提出劳动教育有着综合性、全方位的育人价值，他们对劳动教育在育美、强身、树德、增智等方面进行了积极探究。在新时期，劳动教育的价值取向能够有效促进社会主义和个体的发展，因此需要更加深入地研究劳动教育独特性和整体性的育人价值，只有这样，才可以全方位地把握和认识劳动教育的价值，并提升劳动教育的科学性和合理性。

（三）针对劳动教育存在问题的研究

在新时代，学校教育承载着党的教育方针和教育思想，规定了教育目标和教育内容，决定了人才培养规格、质量和结构，是国家意志在教育领域中的直接体现，在立德树人事业中发挥着基础性作用。劳动教育课程也是一样，由于劳动教育基于真实世界和现实生活，且内容丰富、领域众多、方式多元，不仅涉及人与人之间的主体关系，而且涉及人与物质世界的物我关系，学习情境的开放度强、可控难度大、涉及范围广，需要学校、家庭、社会、政府等各方紧密联系、多渠道实施。在各方形成劳动教育合力、实现教育目标的过程中，发挥家庭教育基础作用和社会教育支撑作用的同时，必须重视学校教育的主导作用，尤其是学校劳动教育课程的主渠道作用。劳动教育主渠道作用发挥的核心在于保障劳动教育的方向，为学生形成马克思主义劳动观，树立劳动思想、劳动精神形成方向上的引领作用；保障学生接受最为基础的劳动教育，形成与新时代高素质劳动者相适应的基本劳动知识技能和良好职业习惯。

但是目前关于劳动教育的研究，普遍认为存在劳动教育淡化、弱化的问题，没有充分发挥劳动教育的育人功能，不同的学者对具体问题表现的看法也各不相同。劳动教育工作的弱化现象具体表现为劳动教育专业课落后、师资力量薄弱等。不少学者从自身对劳动教育发展和社会发展需求方面进行了思考，指出现阶段国内劳动教育不论是实施还是认识层面上均存在一些问题。不少职业学校保留着学生"劳动周"的课程形态，起到良好的效果，但也有一些学校的学生往往只有"劳动"，没有"教育"，学校根据年级和学期安排了相应的劳动任务，但缺乏正确的劳动观念和良好的劳动习惯的教育与培养；有的学校的劳动教育脱离专业特点、脱离教育实际，学生利用所学专业知识进行职业操作的能力没有能够有效迁移，学生运用专业知识进行公益劳动、志愿劳动的意识没有建立起来，"职业劳动"成为孤岛；不少高等学校利用创业创新教育、社团活动等进行劳动教育，取得一定的效果，但劳动教育成为部分学生的"专利"，缺乏全员性和针对性等。

（四）针对加强劳动教育方式的研究

劳动教育是一种富有趣味性、创造性和实践性的实践活动，它教会人们通过劳动来创造幸福的生活，通过智慧来创造美好的明天。依据马克思主义劳动观，《关于全面加强新时代大中小学劳动教育的意见》将劳动分为生产劳动和非生产劳动，劳动教育也分为生产劳动教育和非生产劳动教育。考虑到劳动教育内容的针对性和可行性，又将非生产劳动教育分为日常生活劳动教育和服务性劳动教育。这种对劳动和劳动教育的科学认识与把握，为新时代发挥家庭劳动教育的基础作用、学校劳动教育的主导作用和社会劳动教育的支持作用提供了科学指引。

目前，学者们都在积极探索如何进一步加强劳动教育，并从制度建设、统筹资源、设置课程、价值取向、评价方式等多个方面进行了研究。此外，党的教育方针中也逐步纳入了劳动教育，有的学者对于德智体美教育和劳动教育两者的关系进行了研究分析，并专门探究了劳动教育体系制度。

综上所述，随着国家对劳动教育的重视，目前对高职院校劳动教育的研究逐渐丰富起来。

二、教学实施现状

（一）劳动教育课程实施现状

《关于全面加强新时代大中小学劳动教育的意见》中明确指出，劳动教育要整体优化学校课程设置，将劳动教育纳入中小学国家课程方案和职业院校、普通高等学校人才培养方案，形成具有综合性、实践性、开放性、针对性的劳动教育课程体系。根据各学段特点，在大中小学设立劳动教育必修课程，系统加强劳动教育。职业院校以实习实训课为主要载体开展劳动教育，其中劳动精神、劳模精神、工匠精神专题教育不少于16学时。除劳动教育必修课程外，其他课程结合学科、专业特点，有机融入劳动教育内容。大中小学每学年设立劳动周，可在学年内或寒暑假自主安排，以集体劳动为主。高等学校也可安排劳动月，集中落实各学年劳动周的要求。

目前，大部分高职院校已将劳动教育纳入学校的教育体系中，注重对高职学生进行有计划的劳动教育，并取得了初步的成效，大部分高职院校配备了劳动教育的教材，开设了相关课程，但仍然存在"重智育、轻德育"、教学内容不清晰等问题。主要表现在以下方面：

1. 教学内容不清晰

劳动教育作为素质教育的重要环节，其核心理念在于培养学生劳动价值观、劳动创新能力以及劳动品格塑造等。但就目前劳动教育情况而言，因劳动教育一直被视为高职院校人才培养的薄弱处，故而缺乏劳动教育师资力量且教学形式化十分严重，这导致高职院校劳动教育内容存在不明晰的现象。一方面，虽然部分高校将劳动教育纳入日常教育教学计划中，明确了劳动教育的目标和培养计划，在实际的教学过程中并没有将其落到实处，而是更多地将劳动教育归结于劳动技术教育、思想政治教育，以致劳动教育缺少独立性。在教学中通常以实训实习替代劳动意识、劳动态度及劳动观念教育，使育人与劳动无法有机结合。劳动教育的课程设置也存在不合理之处，表现为：课时量少、教育形式单一，拘泥于传统、缺乏创新性，存在表面化、虚化的问题；劳动教育与其他教学内容相比较，高校更加注重科学文化的教育，而忽视劳动教育。另外，劳动是一种发展概念，新时代高职院校劳动教育更应反映时代劳动发展趋势。而当前劳动教育内容仍以传统劳动组织形态与生产方法为主，并未结合产业变革和科技发展进行相应创新，教育内容的陈旧难以满足新时代学生的学习需求。

2. 课程资源开发乏力

劳动教育课程资源根据存在方式可划分为显性劳动教育课程资源和隐性劳动教育课程资源。在显性劳动教育课程资源上，根据《关于全面加强新时代大中小学劳动教育的意见》，将实习实训、专业服务、社会实践等作为高等学校实施劳动教育的重要渠道。虽然目前许多高职院校都设置了实习实训、社会实践的课程，但往往都是拍照留痕、走马观花，流于形式；劳动教育课程的设置局限于国家规章制度层面的内容，没有因地制宜、开创性地打造具有区域文化特点的地方特色课程和校园特色课程。在隐性劳动教育课程资源上，以校园文化活动为例，丰富多彩的校园活动能够使大学生劳逸结合，保持身心健康，但是高职院校各级学生团体组织的校园文体活动往往突出娱乐性，这就必然导致校园文化活动的启迪性不足，思想引领作用发挥不够，加强劳动教育的导向不够突出。

3. 支持保障力度不够

《关于全面加强新时代大中小学劳动教育的意见》中明确指出，多渠道拓展实践场所。大力拓展实践场所，满足各级各类学校多样化劳动实践需求。充分利用现有综合实践基地、校外活动场所、职业院校和普通高等学校劳动实践场所，建立健全开放共享机制。农村地区可安排相应土地、山林、草场等作为学农实践基地，城镇地区可确认一批企事业单位和社会机构，作为学生参加生产劳动、服务性劳动的实践场所。进一步完善学校建设标准，学校逐步建好配齐劳动实践教室、实训基地。高等学校要充分发挥自身专业优势和服务社会功能，建立相对稳定的实习和劳动实践基地。

但目前高职院校在劳动教育投入上仍存在严重不足，主要表现为：高职院校在相关基础设施上存在配置率低的现象，大学生劳动教育需要注重劳动技术的创新性、复杂性。所以高校为了追求更专业更高效的劳动教育，必须为大学生提供更加开阔的劳动场地和更完善的配套软硬件设施。但是从目前的情况分析，大多数高校在大学生劳动教育的配套设施上存在严重不足，薄弱的教育条件导致劳动教育效果不佳，更是与德智体美劳"五育"并举的目标背道而驰。

（二）劳动教育评价体系现状

劳动教育是"五育"的重要组成部分，是中国特色社会主义教育制度的重要内容，劳动教育评价影响着新时代的劳动教育改革和劳动教育质量提升。《关于全面加强新时代大中小学劳动教育的意见》中明确指出，健全劳动素养评价制度。将劳动素养纳入学生综合素质评价体系，制定评价标准，建立激励机制，组织开展劳动技能和劳动成果展示、劳动竞赛等活动，全面客观记录课内外劳动过程和结果，加强实际劳动技能和价值体认情况的考核。建立公示、审核制度，确保记录真实可靠。把劳动素养评价结果作为衡量学生全面发展情况的重要内容，作为评优评先的重要参考和毕业依据，作为高一级学校录取的重要参考或依据。

劳动素养是指经过生活或教育活动形成的与劳动有关的人的素养，包括劳动价值观、知识、能力等具体指向。苏霍姆林斯基认为，劳动素养还包括"劳动活动在一个人精神生活中的作用和地位，以及劳动创造中的充实的智力内容、丰富的道德意义和明确的公民目的性"。综合高校学生特点、评价指标可操作性、社会认知程度等角度来看，劳动素养的内涵与指向重点体现在以下四个方面：

一是劳动意识的评价维度。人类的劳动活动是有意识的，在活动之前就存在着一定的思考和安排。培养正确的劳动意识就是让学生具有正确的劳动动机和劳动态度。劳动动机体现为劳动者在劳动过程中所追求的目的，劳动态度体现为劳动者劳动过程中的心理感受。学校通过劳动教育，让学生明确劳动动机、端正劳动态度，进而加强自身劳动意识。

二是劳动观念的评价维度。劳动可以锻炼人的吃苦精神，让人有坚定的意志。劳动观念是人们对劳动的看法和态度。新时代的劳动观念要以热爱劳动为荣、以不劳而获为耻，尊重努力劳动、贡献社会的不同阶层的劳动者，愿意以自己的体力和脑力劳动建设祖国、贡献社会、服务人民，树立正确的劳动观念，是提高学生劳动素养的基本要求。

三是劳动能力的评价维度。劳动能力是人们进行劳动工作的能力，包括体力劳动和脑力劳动两个方面，是体力劳动和脑力劳动的总和。劳动能力是让学生懂劳动、会劳动，是人们通过劳动创造价值的必要手段。

四是劳动成果的评价维度。劳动是人与社会、人与自然的互动过程，强调结果评价是在探讨人作为劳动主体，对生活和工作的影响。劳动能使学生学会生活、学会生存、学会交往、学会发展，劳动使人身心健康，通过劳动实践活动培养学生热爱劳动的思想、吃苦耐劳的精神和对工作的责任心。

相对智育和体育等有专门针对性的评价体系，高职院校关于劳动教育没有完整的评价体系。虽然目前各高职院校都在积极构建适合学校自身特点的劳动教育评价体系，但对劳动教育的评价，把握不好评什么、怎样评和为什么这样评，缺乏将专业人才培养目标与劳动教育相结合的评价标准；缺乏学校、社会和家庭三全育人劳动教育评价的联动机制等。评价方法缺失，评价形式不科学，导致评价结果不能及时有效地反馈到学生和相关指导老师处。由于缺乏考核标准，劳动教育课程开展问题层出不穷。在传统劳动教育教学中，以实践活动为主的劳动课程内容十分广泛，但考核方法的单一性与枯燥性，使课程难以形成标准化、系统化的考核体制，且高职院校未将劳动教育纳入考核学生综合素养的体系，使学生学习积极性持续下降。究其原因，不仅是因高校不够重视劳动教育课程，同时也因劳动课程未形成系统性的规划，这对发展与建设劳动课程造成了一定阻碍。

因此，劳动教育评价体系应当与当前高职院校普遍实行的学生综合素质评价体系相一致、相融合，把劳动素养纳入综合素质评价的"五育"目标之一，从加强劳动教育的视角，优化学生综合素质评价的各项指标设计，实现劳动教育在综合素质体系中的独立占比，提升劳动教育各项内容的重要性。

三、师资队伍现状

《关于全面加强新时代大中小学劳动教育的意见》中明确指出，多举措加强人才队伍建设。采取多种措施，建立专兼职相结合的劳动教育师资队伍。根据学校劳动教育需要，为学校配备必要的专任教师。高等学校要加强劳动教育师资培养，有条件的师范院校开设劳动教育相关专业。设立劳模工作室、技能大师工作室、荣誉教师岗位等，聘请相关行业专业人士担任劳动实践指导教师。把劳动教育纳入教师培训内容，开展全员培训，强化每位教师的劳动意识、劳动观念，提升实施劳动教育的自觉性，对承担劳动教育课程的教师进行专项培训，提高劳动教育专业化水平。建立健全劳动教育教师工作考核体系，分类完善评价标准。

目前大部分高职院校已逐步开始加强劳动教育师资的力量。然而，我国劳动教育师资队伍建设整体仍处于起步阶段，不可避免地面临诸多困难与挑战，具体表现为：劳动教育教师既缺乏系统的供给渠道与成熟的培养模式，又缺乏规范的培养课程与科学的培养方法，劳动教育相关专业开设与人才培养难以满足劳动教育开展的实践需要。此外，现有的劳动教育师资整体发展水平偏低、职业稳定性差、专业支持不足、福利待遇有限。为此，新时代高职院校劳动教育师资队伍建设应以立德树人为引领，以专业发展为支撑，以标准构建为导向，以协同培养为路径，正视新时代劳动教育的新要求，切实构建一支数量充裕、质量过硬、结构合理、素养全面的劳动教育教师队伍。高职院校劳动教育师资现状情况如下：

（一）劳动教育师资供给不足，数量相对有限

加强劳动教育师资队伍建设是当前贯彻落实新时代劳动教育新要求的重要支撑，而劳动教育师资供给不足、数量有限是师资队伍建设的首要挑战。虽然可以从"有条件的师范院校开设劳动教育相关专业"，以确保从源头上保障劳动教育师资供给，但是由于对"劳动教育相关专业"缺乏清晰界定，加之我国颁布的普通高等学校本科专业目录中没有对劳动教育专业的独立设置与有效说明，客观上，我国高职院校劳动教育师资从源头上缺乏供给保障。目前，高职院校劳动教育师资不仅主要以兼职形式存在，整体缺乏系统专业培养，且教师数量相对有限，不能满足新时代高职院校劳动教育全面推进的现实需要。高职院校劳动教育专任师资的短缺问题不仅是由于系统供给长期不足，更是由于对劳动教育师资的固有偏见。在应试教育的趋向下，高职院校各科目仍存在地位不均现象，其中劳动课作为一门"副课"导致劳动教师在职称评选、福利待遇等方面受到不平等待遇，由此引发高职院校专职劳动教师匮乏的连锁反应。

（二）劳动教育师资质量偏低，专业支持乏力

新时代高职院校劳动教育是一种专业化的教育，也是一门综合育人的艺术，客观上需要一支高素质、专业化的师资队伍支撑，凸显专业导向、促进专业发展是新时代劳动教育师资队伍建设的基本原则与内在要求。然而我国现有劳动教育师资普遍存在能力素养偏低、发展机会较少、专业支持乏力等问题，制约着新时代劳动教育质量的提升。其中，劳动教育师资质量偏低既体现为学历层次低、专业素养低，又体现为教学水平低、职称级别低等。劳动教育师资因缺乏专业培养渠道而通常由其他学科教师或外聘教师兼任，但兼任教师往往难以具备劳动教育教学的专业能力，且不愿将更多的精力投入劳动教育。劳动教育师资质量偏低本质上仍是因劳动教育地位偏低所致，而专业支持的不足又客观

制约了劳动教育师资的专业发展。专业支持不足主要体现为针对劳动教育教师的专项培训较少，夹杂在其他学科培训中的极少量劳动教育培训，既难以有效体现劳动教育的内在特点，也难以真正提升劳动教育教师的专业能力。

（三）劳动教育师资结构失衡，整体流动性大

目前各高职院校加强了劳动老师师资的培养，但总体来讲存在着结构性失衡问题，主要表现为职称级别明显偏低、师资年龄显著偏大、高学历师资明显偏少等。高职院校劳动教育师资结构失衡具有多方面的复杂成因，制约着新时代高职院校劳动教育的有效落实，整体流动性偏大同样是高职院校劳动教育师资的突出困境。劳动教育师资的流出乃至流失根本上还是由于其发展前景不明、晋升通道不畅等，所以，劳动教育师资整体成为高职院校师资队伍建设的洼地，难以形成稳定的师资团队，不利于专业积淀与持续发展。

（四）劳动教育师资地位尴尬，考核评价缺失

教师地位是指教师职业在整个社会职业序列中所处的位置，通常包含教师职业的政治地位、经济地位、法律地位等诸多内容，并主要通过教师享有的基本权利、履行的社会义务、占有的社会资源等方式得以体现。目前，高职院校劳动教育教师地位整体处于尴尬困境，一方面，中共中央、国务院明确提出要全面加强新时代劳动教育，积极倡导弘扬尊师重教的社会风尚；另一方面，全社会及高职院校不同程度的存在淡化弱化劳动教育、轻视蔑视劳动教育教师的现象。整体偏低的劳动教育教师地位与全面加强新时代劳动教育的国家要求明显不适应、不匹配，并根本上制约着劳动教育教师的专业发展与队伍建设。此外，多数高职院校对现有劳动教育教师尚缺乏科学系统的考核评价标准与机制，或是直接套用学科教师的评价标准，或是根本缺乏有效的评价方法，难以有效支撑新时代劳动教育的贯彻执行。

四、育人成效现状

教育部印发的《大中小学劳动教育指导纲要（试行）》指出，劳动是创造物质财富和精神财富的过程，是人类特有的基本社会实践活动。劳动教育是发挥劳动的育人功能，对学生进行热爱劳动、热爱劳动人民的教育活动。当前实施劳动教育的重点是在系统的文化知识学习之外，有目的、有计划地组织学生参加日常生活劳动、生产劳动和服务性劳动，让学生动手实践、出力流汗，接受锻炼、磨炼意志，培养学生正确的劳动价值观和良好的劳动品质。

劳动教育是新时代党对教育的新要求，是中国特色社会主义教育制度的重要内容，是全面发展教育体系的重要组成部分。开展劳教教育活动，必须将马克思主义劳动观贯彻始终，强调劳动是一切财富、价值的源泉，劳动者是国家的主人，一切劳动和劳动者都应该得到鼓励和尊重；倡导通过诚实劳动创造美好生活、实现人生梦想，反对一切不劳而获、崇尚暴富、贪图享乐的错误思想。引导学生认识社会，增强社会责任感；同时注重让学生学会分工合作，体会社会主义社会平等、和谐的新型劳动关系。劳动教育具有显著的实践性，必须面向真实的生活世界和职业世界，引导学生以动手实践为主要方式，在认识世界的基础上，获得有积极意义的价值体验，学会建设世界，塑造自己，实现树德、增智、强体、育美的目的。

在高职院校劳动教育教学中，普遍存在学生劳动意识薄弱的现象。一方面，多数大学生认为劳动教育相比于专业课程学习，并不能为自身今后发展提供有力保障，在课余时间不充足、课程安排紧密的背景下，参与劳动活动只会增加自身负担。另一方面，高职院校学生还存在劳动能力削弱化、劳动态度消极化以及劳动价值取向较为功利化等问题。出现该类问题的根本原因在于学生对劳动教育的价值与内涵缺乏正确认知，且高职院校不够重视劳动教育，导致学生不具备主动参与劳动的意识，这对提升学生劳动素养造成了一定的不良影响。具体表现如下：

（一）缺乏基本的劳动习惯

进入大学以后，离开父母的呵护，独自安排好学习生活、具备基本的生活自理能力本是自然之事。然而，现在的大学校园里，有些同学宁愿睡懒觉也不愿意做清洁，寝室里乱七八糟；衣服脏了也不洗，甚至有些同学根本就不会洗衣服；擦黑板、扫地之类的劳动觉得更是遥远的事情，仿佛与自己无关。高校后勤社会化的推进，为同学们专注学习创造了便利的条件，同时也为一些学生基本上不操心衣食住行等与劳作相关问题提供了借口，清洁卫生、行李进出、厨房劳动、校园绿化、维修施工等与学生日常生活密切相关的体力劳动难以进入大学生的视野。一些同学在参加社会实践过程中，缺乏基本的服务意识，"四体不勤，五谷不分"的现象时有发生。因为没有正确的劳动态度，蔓延到学习中就会出现逃课睡觉、荒废学业、应付功课、抄袭作弊等不良行为。

（二）对体力劳动存在偏见

经过十多年的寒窗苦读，在家庭的精心照顾下、在老师们的辛勤培育下，一旦跨过高考的独木桥进入大学校园以后，大学生会将自己更多的精力用在专业知识学习、资质考证考级、学位文凭获得、学业深造专升本、出国进修准备等智力型的付出当中。对于学习黄金期的青年大学生来讲，将更多精力用在学习上，这本无可厚非。但是，因为长期脱离体力劳动，一部分同学形成了脑力劳动和体力劳动完全不相干的认知偏差。会时常出现不尊重食堂师傅、扫地阿姨、绿化工人劳动成果的行为。马克思指出"劳动过程把脑力劳动和体力劳动结合在一起了"，脑力劳动和体力劳动绝不是互不相干甚至割裂的，而是在任何劳动过程中都紧密联系在一起的。

（三）劳动态度不够端正

高职院校读书的同学，不仅认同劳动创造价值的观点，而且也认同自身收获的多少与自己付出多少呈正相关关系。这种认知一方面可以促使大学生通过自己的勤奋努力实现自己所追求的目标，另一方面也容易形成付出必然要得到应有的回报的线性思维。如此一来，一些同学在反对"不劳而获"的同时，更害怕"劳而无获"。这种劳动态度容易让人产生不平衡心理，一旦自己的付出得不到预期回报，或者看到有人没有付出却得到了更多回报，就会认为世界对自己不公平，往往会由积极劳动转向消极怠工，甚至会走向投机取巧、铤而走险的反面。

（四）就业创业观脱离实际

因为在大学阶段没有培育起深厚的劳动情怀、缺乏正确的劳动价值观，导致一些学生在择业过程中存在理想信念模糊、追求享乐主义的倾向，甚至幻想能"一夜暴富"；有些同学在择业时功利主义至上，将金钱作为衡量自身价值的最高标准；有些同学的就业心态消极，宁愿在家"啃老"，也不愿意去积极就业；还有一些同学以自我为中心，缺乏诚信意识，出现"随意毁约""频繁跳槽"等现象。当前正在倡导"大众创业、万众创新"，一些同学在没有经过历练、不知创业艰难、未做好充分准备的情况下，仅仅凭自己的一时激情便投入到创业洪流中，结果不仅未能实现成功创业，往往还会遭受经济损失和心理创伤。

第二节　高职院校劳动教育的困境归因

现阶段劳动教育在家庭、学校以及社会中被弱化，高职院校实训室劳动教育普遍存在缺乏系统性、边缘化等问题。劳动教育是职业院校育人的重要途径。劳动教育的认同度、实施速度、覆盖广度、措施多样性、与其他课程结合度和师资队伍建设力度都出现可喜现象。但是职业院校劳动教育总体效果一般，主要是由于课程缺少顶层设计,管理缺乏统筹,保障不力等。可以将培养学生崇尚劳动精神和工匠精神作为劳动教育的首要任务,加强对职业院校劳动教育的研究与指导,系统设计职业院校劳动教育课程体系,做好长周期、综合化的劳动主题式教育,完善劳动教育保障制度。

一、社会层面

(一)缺乏劳动教育氛围

目前,在开展大学生劳动教育活动中,社会作为开展劳动教育的主体,它的价值观念正确与否对其劳动教育行为有着至关重要的影响,因此,社会对劳动教育的影响同样也是不容忽视的。伴随着我国经济的快速发展,社会上的价值观念也在悄然发生变化,人们为了能够获得更多的发展机会,过分地注重眼前利益,而忽视长远利益,只是对能直接带来经济效益的部门或者行业并且会给予他们丰厚的社会资源十分重视,而面对付出多、回报小的非营利的公共事务,如公益活动或者志愿服务活动等,则都不太重视,导致会因为社会的重视程度不够,而无法获得足够的资金和场地的支持。例如劳动教育事业,它是我们培育现代化劳动者的重要途径,但是教育事业总体上仍然属于社会公益事业,投资大回报小,因此,很难获得全社会的重视。

(二)社会多元思潮的冲击

大学生是受到社会思潮更替影响最大的群体,由于他们年纪小,缺少丰富的人生经历和社会阅历,三观还没有完全形成,在看待很多问题上并不能做出理性和科学的判断,很容易随波逐流。目前,社会上已出现多种不同思潮,如拜金主义、消费主义、崇洋媚外等,这会对劳动教育的开展产生严重的影响。主要表现为:一方面,现在一些大学生渴望一夜成名、一夜暴富,更是把他人的成功看作是一件轻而易举的事情,经常手高眼低,导致部分大学生失去了艰苦奋斗、顽强拼搏的劳动精神。另一方面，对大学生树立正确劳动观念和看待体力与脑力劳动两者之间的联系产生消极影响，导致歧视体力劳动者行为的出现，只是一味地注重个人享受，在劳动实践中过于追求个人利益得失，从而忽略了劳动的育人价值。

二、学校层面

（一）思想政治教育功能发挥不够全面

劳动教育具有很强的实践育人导向，在高职院校开展劳动教育要坚持党的领导，紧紧围绕培养担当民族复兴大任的时代新人任务，全力培养并提升新时代高职院校学生综合素质能力，基于"三全育人"理念，找准劳动教育的价值方向，帮助并引导学生从小树立正确的劳动观念，崇尚劳动、尊重劳动，增强对劳动人民的感情，报效国家，奉献社会。目前，很多高职院校仍然没有把劳动教育与思政教育结合起来，相关学科的教师没有及时主动地对大学生劳动实践活动进行思想观念的引领，劳动课程思政融入得不够。

（二）劳动观念理解不够透彻

劳动教育的缺失不仅是近几年才出现的情况，而是一个历史时期的教育问题，导致不管是学生还是老师，对劳动教育的理解都存在认识不足，甚至出现认识偏差等问题。如单纯认为劳动就是体力至上，进行体力劳动便是劳动教育，不了解体力劳动与脑力劳动的区别，或认为劳动教育就是打扫卫生等误区，导致劳动教育的开展方向出现偏差。劳动分为体力劳动和脑力劳动，在进行劳动教育时，不能重视一方面忽视另一方面，否则会造成劳动教育方向的偏失，产生副作用。

部分高职院校将劳动知识与技能训练等同于劳动教育，对学生只是进行劳动本领传授，忽略了劳动教育对人格塑造、价值观形成的重大影响。虽然一些专业教师在实践授课过程中也会提及劳动价值观，但受教师自身经历、主观意愿等因素影响，效果并不突出；另外，一些高职院校在劳动教育过程中理论方面的说教较多，落到实处的过少，教育活动或是粗暴命令，或是简单机械（如整理、清扫等），缺乏吸引力和导向性。高职院校劳动教育应当既包括技能的学习训练，也包含劳动价值观养成，劳动素养的提升等。培养学生的技能，弘扬劳动精神，塑造劳动品质，互为补充，相辅相成。

（三）专业课程体系融入不够深入

目前高职院校专门开展劳动教育的课程非常少，导致高职院校存在劳动教育缺失，或者劳动教育的系统性和连续性不强，没有配备专门的劳动教育师资队伍，缺乏相关学科管理制度，实践教育不够，劳动教育教学理念跟不上时代发展，有劳无教等现象，相关理论研究成果也不多，长久下去会逐步成为可有可无的边缘课程。同时，学校在教学过程上比较注重专业知识与操作技能的结合，忽视了劳动价值观念和劳动品质的培养。

部分高职院校并没有将劳动教育，如劳动素养、职业道德等纳入专业课程设置中，出现了劳动教育课程在专业课程设置中缺位的现象。部分高职院校在开展劳动教育的过程中，没有考虑学生所学专业的特点，没有根据学生专业学习的需求和专业培养目标，没有将劳动教育课程有效地融入专业课设置中，导致劳动教育课程有形无实或与专业课程教学开展出现"两张皮"现象。

（四）校企融合发展不够牢固

劳动作为一项社会化行为，其教育过程不应仅仅局限于学校中。高职院校作为劳动教育的组织与实施主体，应当以校企合作为契机，主动推动劳动教育向校外延伸，力求探索形成校内外相互融合的综合化劳动教育模式。

高职院校的办学定位决定了劳动教育必须与企业对劳动者的实际要求相适应，因此国家鼓励产教深度融合发挥企业的主体作用。然而在当下学校为办学主体的现实情况下，校企合作缺乏健全的尊重企业利益诉求的机制保障，企业在职业院校的办学过程中缺乏诸如师资队伍建设、课程设置等方面的话语权，导致企业参与人才培养的积极性不高，使高职院校人才培养与企业需求脱节。

（五）评价机制体系不够健全

健全的劳动素养评价制度，不仅是衡量学生全面发展的重要内容，也是新时代劳动教育体系的一个重要组成部分，更是发挥新时代劳动教育育人功能的"指挥棒"。劳动素养需要在具体劳动教育实践中进行培育和考察，高职院校通过构建科学的劳动素养评价指标体系，引导学生在接受劳动教育过程中自觉养成良好的劳动素养，对保证劳动教育教学质量具有重要价值。

然而相对智育和体育等有专门针对性的评价体系外，高职院校劳动教育没有完整的评价体系，甚至各学校也不知道怎样进行劳动教育的评价，把握不好评什么、怎样评和为什么这样评，缺乏将专业人才培养目标与劳动教育相结合的评价标准；缺乏将学校、社会和家庭三全育人中劳动教育评价的联动机制等。评价方法缺失、评价形式不科学，导致评价结果不能及时有效地反馈到学生和相关指导老师处。

劳动教育成果难以量化，很难通过几项指标体现劳动教育的成果。主要存在三个方面的原因：一是缺乏对劳动教育专门的设计研究，相应的体系不完善。二是对劳动的定义还没有形成统一的认识，衡量的对象还没有统一的情况下无法用统一的标准去量化。三是主阵地还没有完全破题。大学各类活动是劳动教育的主阵地，但是现在的大学并没有把劳动教育放在突出的教育地位。

（六）师资结构配备不够完善

当前，我国劳动教育师资队伍建设仍面临诸多挑战，既体现为劳动教育师资数量供给的相对不足，也体现为劳动教育师资质量水平整体偏低。此外，劳动教育师资队伍建设还面临着师资结构失衡、人员流动性大、师资地位尴尬、考核评价缺失等复杂性问题，共同制约着新时代劳动教育的全面深化与推进。

加强劳动教育师资队伍建设是当前贯彻落实新时代劳动教育新要求的重要支撑，而高职院校劳动教育师资供给不足、数量有限是师资队伍建设的首要挑战。虽然《意见》已指明"有条件的师范院校开设劳动教育相关专业"，以确保从源头上保障劳动教育师资供给，但是由于对"劳动教育相关专业"缺乏清晰界定，加之我国颁布的普通高等学校本科专业目录中没有对劳动教育专业的独立设置与有效说明，客观上导致我国劳动教育师资从源头上缺乏供给保障。反观当下，劳动教育师资不仅主要以兼职形式存在，整体缺乏系统专业培养，且教师数量相对有限，不能满足新时代劳动教育全面推进的现实需要。劳动教育专任师资的短缺问题不仅是由于系统供给的长期不足，更是由于对劳动教育师资的固有偏见。在应试教育的趋向下，学校各科目仍存在地位不均现象，其中劳动课作为一门"副课"导致劳动教师在职称评选、福利待遇等方面受到不平等待遇，由此引发专职劳动教师匮乏的连锁反应。

三、家庭层面

（一）在劳动教育实践方面，家长重智轻德

劳动教育本应该成为家庭教育的重要内容，但是一部分家长不愿意让孩子主动参与劳动。其中最主要的原因是家长"心疼"孩子，认为孩子读书已经够累了，再让孩子从事家庭劳动，于心不忍。因此，一些家长不愿意在衣食住行等日常生活中给孩子劳动实践机会，也不鼓励自己的孩子自觉参与，不太注重让孩子掌握必要的家务劳动技能。这些家长片面地认为，孩子的主业就是学习，只要把学习成绩搞好就行了，家务劳动可以由家长全包或者请家政人员做。然而，适度的家庭劳动不是让孩子吃苦，而是一种自我锻炼，同时也是一种很好的调节。孩子们学习任务重，但都以脑力劳动为主，适度的家务劳动可以起到很好的调节作用。已有大量研究表明，让孩子适当从事一些家务劳动，对其成

长具有重要意义。必要的家务劳动参与,对孩子的家庭共同体意识培养是有益的。一个家庭就是命运相关的共同体,家庭应该是同甘共苦的社会生活组织,每个家庭成员都应该为共同体做贡献。孩子没有参与,就有做访客的感觉。让孩子参与家务劳动,不仅能增进家庭成员之间的紧密联系,也更能增强亲子之间的互动和交流。

家长重智轻德、重成绩轻素质的现象还比较普遍。要想改变这种现状,除了提高家长的认识,更重要的是要丰富家庭教育的内容。劳动教育是家庭教育的"好教材"。生活处处有劳动,劳动就在孩子身边,可以"拾来即教",无须家长再"绞尽脑汁"。家长与孩子一起劳动可以增进关系,形成良好的沟通模式。家庭教育与学校教育最大的不同就是融入生活的"润物细无声"教育。

(二)在劳动教育观念方面,家长传递偏见观念

现实生活中,有的家长有意或无意地把不良的劳动观念甚至劳动偏见"传递"给孩子。比如,在教育孩子要努力学习的同时,把人类劳动分为高低不同的等级,从而主观建构了诸多对劳动角色及其社会地位的人为偏见,以从事所谓的"低级劳动"作为孩子不努力学习的预期后果,去敦促孩子用功学习。这里存在两个错误:一是把劳动区分为高低贵贱的不同等级;二是把劳动当作惩罚看待。马克思主义认为"劳动创造了人本身",所有的人类劳动只要不违法犯罪都应该受到同样的尊重。只有靠自己的劳动付出而活着,才有踏实的人生,才有真正的幸福生活。因此,无论处于何种家庭背景,都应该让孩子从小树立"用自己的勤劳创造美好生活,才值得骄傲"的基本价值观念。正如《意见》明确提出,"家庭要树立崇尚劳动的良好家风,家长要通过日常生活的言传身教、潜移默化,让孩子养成从小爱劳动的好习惯"。

如今的物质生活非常丰富,每个家庭满足温饱早已不是问题。于是,有些家长在疼爱心理的作用下,对孩子"有求必应",很少有家长会在孩子的花销

上吞噬。要保证人们的衣、食、住、行，一刻也离不开物质资料的生产即生产劳动。无节制地满足孩子的"欲望"，孩子似乎只要动动嘴巴，开口找父母索要，就可以轻松地得到想要的一切，这样会导致孩子把所得与劳动付出之间的联系割断，看不到人类生活中的一切皆来自劳动，非常不利于孩子建立正确的世界观、价值观、人生观。针对这些错误倾向，家长应从小在孩子身上建立基本的认知联结：生活中的一切物品都是要花钱购买，而钱是靠父母辛苦劳动换来的，其中包含着"物品—金钱—工资—劳动—勤俭节约"的链条。因此，家庭对于劳动教育的开展而言，就是要潜移默化地建立各种与劳动付出相联结的思维定式。

四、学生层面

（一）对劳动教育的重要性认识不足

随着我国经济社会的发展，很多高职院校都雇用了大量的保洁人员，主要工作是打扫校园环境卫生。这种制度也有不利的一面，易造成学生缺乏爱护校园环境的主人翁意识，于是乱扔、乱涂、乱画现象屡见不鲜，更不要说主动捡起地上的垃圾等行为。很多大学生由于缺乏正确的劳动观，不尊重别人的劳动成果，甚至不懂劳动技能，好吃懒做，不愿意劳动。在这种情况下，受教育者不会主动去学习劳动知识，在面对劳动时，往往会推脱、不重视。如大学生寝室脏、乱、差，随意乱扔垃圾等，都是缺乏正确的劳动价值观，不重视劳动教育的直接后果。

目前，高职院校过分重视对学生劳动知识与技能的专业教育，劳动教育与专业建设相结合的构建体系不完善，过度关注专业赋能的理论层面，侧重解决培养学生"要去做什么"的问题，但忽视了专业技能培养过程中对学生的劳动素养、职业道德、创新精神等人文素养的共育培养。

（二）对劳动教育的意志不够坚定

如今，在社会和校园内产生了对劳动认识的功利化趋向，大学生中有相当一部分存在拜金主义、个人主义、享乐主义思想，轻视甚至厌恶劳动，铺张浪费，不懂节约、珍惜、感恩。片面认为所有劳动都应该获得或者转化为经济价值，把工资高低作为衡量自身劳动的价值标准，甚至只要劳动就要索取报酬或获得奖励，导致大学生在校期间做事过于追求功利化、经济化，上班后有钱的工作争着做，不计报酬的工作便互相推诿，谁都不愿意做，这些都是追逐劳动结果功利化的直接后果。

在职业谋划方面，部分学生不愿从事与体力劳动相关的工作，更多的是想从事脑力劳动工作，因而在实训室开展劳动教育时，他们不会用心去思考劳动的重要意义，而是把更多的时间投入到专业知识的学习上。由于长期缺乏劳动锻炼，久而久之更会形成惰性思维，劳动意志力也就逐渐消退。

第三节　高职院校劳动教育的优化策略

《关于全面加强新时代大中小学劳动教育的意见》提出要"紧密结合经济社会发展变化和学生生活实际，积极探索具有中国特色的劳动教育模式，创新体制机制，注重教育实效，实现知行合一，促进学生形成正确的世界观、人生观、价值观"。高职院校的教育理念是"做中学"，教学方式是理论与实践相结合，更加强调动手能力，教育对象的需求更加倾向技能学习等系列"特殊性"，决定了高职院校应加强顶层设计，重视劳动与育人之间的内在关联，将劳动教育纳入学校常规工作予以统筹安排，注意全面覆盖、层次分明，根据高职院校学生的群体特点、专业特色及阶段特征，构建以实习实训为载体、劳动专题理论课为辅助、社会实践与社会服务为支撑、劳动教育考核评价为衡量的全过程劳动教育实践策略。

一、强化社会在劳动教育中的支持性作用

社会性是劳动教育最显著的特征之一。社会作为劳动教育系统的重要组成部分，承担着将劳动教育协同化、社会化的重要作用。社会要发挥各个集体的内在优势，互相协调、优势互补，通过有效的联系与整合，形成劳动教育新格局，使教育效果最优化。

（一）加强政府统筹，强化政策引导

《关于全面加强新时代大中小学劳动教育的意见》中明确指出，在党委统一领导下，各级政府要把劳动教育摆上重要议事日程，出台相关政策措施，切实解决劳动教育实施过程中的重大问题，做好督促落实。省级政府要加强劳动教育工作的统筹协调，明确市地级、县级政府及有关部门加强劳动教育的职责，推动建立全面实施劳动教育的长效机制。党的十八大以来，党和国家陆续出台劳动教育系列政策，为劳动教育的开展提供了安排部署，劳动教育之旗进一步被高高举起，劳动教育体系的建构也成为新时代教育工作的重点内容之一。因此，各级政府部门要积极响应号召，对标先进典型，推动地方劳动教育的蓬勃开展。

第一，坚持党对劳动教育的领导是推进教育改革的重要保障，更是支持高职院校协同各方办好劳动教育的根本保证。各级党委要提高政治站位，高度重视劳动教育。党政主要负责同志要静下心来带头学习劳动教育是什么以及怎么做的问题，做到"身入""心入""情入"，切实为做好劳动教育提供扎实可行的方法建议，要进一步细化各教育层次的劳动教育制度体系。《关于全面加强新时代大中小学劳动教育的意见》明确要求各个学段、各类教育要围绕重点，把准定位，开展相关教育活动，在目标要求、内容选择、组织实施、考核评价

等方面做好衔接，持续推进。职业学校要重点结合专业人才培养，增强学生职业荣誉感，提高职业技能水平，培育学生精益求精的工匠精神和爱岗敬业的劳动态度。

第二，积极发挥政府部门在劳动教育中的统筹协调作用。一是要健全校企合作与联系机制。各级政府部门在开展劳动教育的过程中，要积极协调和引导企业、工厂等组织履行社会责任，协助搭建互动合作平台，有效衔接高校与企业的联系交流，扎实回应劳动教育的实践需要和社会期待。二是要深化产学研结合，推进协同创新。比如，各级政府部门要为高校同科研院所、企业开展合作提供政策上的支持和引导。深入整合产学研各方及社会其他方面资源，在引导外部需求和刺激内生动力之间实现平衡，不断营造有利于协同创新健康发展的政策环境。依托"厂中校"，在校内实训室建立劳动教育示范基地，同时在"校中厂"中选取优秀企业建立校外劳动教育基地，积极营造良好的劳育氛围和环境，为学生提供接受劳动教育的平台和机会，让学生主动成为劳动的参与者和践行者。

（二）深化产教融合，开放实践场所

党的十九大报告明确提出，要深化产教融合、校企合作，实现高等教育内涵式发展。2017年12月，国务院办公厅《关于深化产教融合的若干意见》发布，明确要求同步规划产教融合与经济社会发展，健全完善需求导向的人才培养模式。这意味着今时今日的产教融合不再是理论意义上的劳动教育，而是建立在生产链、需求链之上的真正实践意义上的教育活动。深化产教融合，对学校和产业的有效衔接，推动劳动教育的深入开展具有积极意义。

第一，社会产业单位要积极为大学生开放劳动实践场所。社会产业单位作为劳动的第一现场，是青年学生校外最好的劳动教育实践基地，也是青年学生检验自身专业知识学习效果的最佳场域，为丰富劳动教育形式提供了更多选择。一是高职院校要根据学校的特点，加强实习实训基地建设，学校、相关龙头企业、社会机构共同投资建设实习实训基地,为高职学生提供数量充足的劳动实践岗位,满足学生实习实训的需要。二是根据高职院校的职业化特点,打造产教融合信息共享平台,为高职院校、企业双方提供精准的人才供需服务。三是优化企业在校内的研究机构创设,依托"校中厂"在校内实训室建立劳动教育示范基地使学生足不出校就能获得劳动实践机会,获得劳动体验,积累工作经验,培养职业道德。

第二,高新企业要助力高职学生科技创新能力培养。我们要实现全面建成小康社会奋斗目标,实现中华民族伟大复兴,必须集中力量推进科技创新,真正把创新驱动发展战略落到实处。对此,一是高新企业要充分发挥技术优势,鼓励高职院校学生到相关工作岗位上参与生产劳动实践,支持学生体验劳动实践形态在最新科技条件下的新变化。二是高新企业应积极在校内建设科技创新创业示范园区,为高职院校学生提供实习实践岗位,使学生足不出校就能参与到科技创新中,有针对性地培养具有实战经验的创新型人才和技能型人才。总之,产教融合、校企合作的方式,能有效解决劳动教育"纸上谈兵"的困境,促进高职院校人才培养和产业人才需求的有效衔接,实现教育服务社会的功能。

(三)汇聚群团力量,搭建服务平台

习近平总书记在中央党的群团工作会议上指出:"保持和增强群团组织的先进性……必须始终站在党和人民的立场上,坚持为党分忧、为民谋利,把思想政治工作贯穿所开展的各种活动,多做组织群众、宣传群众、教育群众、引导群众的工作,多做统一思想、凝聚人心、化解矛盾、增进感情、激发动力的工作。"[1]因此,要充分发挥群团组织在推动劳动教育中的独特作用。

第一,发挥群团组织在劳动教育中的阵地优势。工会是职工群众组织,与劳动、劳动者联系最紧密;共青团是先进青年的群众性组织,与青年联系最密

---

[1] 习近平在中央党的群团工作上的讲话[EB/OL].(2015-07-08)[2015-07-08]http://cpc.people.com.cn/n/2015/0708/c64094-27269059.html.

切。以工会、共青团为代表的群团组织在社会领域具有极大的影响力,要充分发挥阵地优势,推动高职院校劳动教育的开展。一是发挥工会联系劳动模范、大国工匠和先进人物的优势,积极推进劳动模范进校园,用现身说法的典型教育,弘扬劳动精神、劳模精神和工匠精神,力求对教职员工和学生产生虹吸效应,形成良好氛围。发挥工会联系企业的优势,积极为高职学生参加生产劳动实践拓展实践场地。二是发挥共青团的组织优势。共青团教育青年既是责任更是传统,应积极协同学校、家庭和有关部门,开展适合高职学生特点的、多种形式的劳动教育。

第二,发挥群团组织在劳动教育中的组织优势。群团组织具有密切联系群众的特点,公益组织多种多样,工作范围涉及环保、扶贫、教育等方方面面,可以充分发挥群团组织在联系公益基金会、社会福利组织方面的优势,为开展劳动教育提供多样化的服务性劳动新平台。一是开展公益劳动。高职院校要统筹安排公益劳动,对学生的公益劳动开展过程做好安全保障,针对每一次公益劳动有针对性地开展主题教育,引导学生自愿参与、主动参与。二是积极搭建志愿服务平台。有序组织学生走进福利院、走向基层社区去参加志愿服务,以强化社会责任,培养良好的社会公德。

(四)鼓励文艺创作,弘扬劳动精神

习近平在 2014 年的文艺工作座谈会上强调:"文艺对年轻人吸引力最大,影响也最大……必须高度重视和充分发挥文艺和文艺工作者的重要作用。"[1]

第一,文艺界要唱响劳动者之歌。"文章合为时而著,歌诗合为事而作",古人早就发现文艺反映时代风貌、引领时代风尚的道理,认清了文艺工作者应承担的社会责任和历史使命。健康向上的文艺作品能够陶冶人的人格、润养人的心灵,文艺工作者要通过优秀文艺作品坚定青年学子以辛勤劳动、诚实劳动

---

[1] 习近平在文艺工作座谈会的讲话[EB/OL].(2014-10-15)[2014-10-15]http://culture.people.com.cn/n/2015/1015/c87423-27699235.html.

和创造性劳动去创造美好生活的憧憬及信心。因此，作为时代风气先觉者、先倡者的文艺工作者，应秉持"铁肩担道义"的社会责任感，扎根于生产劳动实践，虚心向劳动人民学习，创作出更多更好的反映新时代劳动者崭新风貌的优秀作品，大力讴歌劳动精神、劳模精神和工匠精神，引导劳动美丽、奋斗幸福在全社会蔚然成风，形成鲜明的劳动导向和有利于劳动教育的良好社会氛围。

第二，加强典型宣传，营造良好氛围。随着网络传媒、信息技术的发展，阅读网络化、书籍图像化趋势不断扩大，对文艺工作者的创作方式、创作手段提出了新要求。文艺工作者应加强网络文艺创作，在挖掘中华优秀传统文化中尊重劳动、尊重劳动人民典型事迹的同时，讲好新时代的劳动者故事，让以劳动精神、劳模精神、工匠精神为代表的正能量占领网络舆论主阵地，达到春风化雨、润物无声的效果，纠正金钱至上、利益至上的社会不良风气，在全社会凝聚劳动光荣、创造伟大、奋斗幸福的共识。

在文艺传播方式上，注重采用多种方式宣传引导，将传统传播方式与现代传播手段紧密结合，充分利用媒体，传播速度快、传播范围广的特点，采取灵活多样、符合大众口味的方式，讲好劳动、劳动者、劳动模范的故事。既要运用传统线下宣传手段，展板、横幅等传播媒介，又要尝试线上的新宣传手段，如微博、抖音、微信公众号等新传播媒介。不仅能营造人人热爱劳动、崇尚劳动的社会氛围，而且能对高职学生劳动价值观产生潜移默化的影响。

在传播内容上，一方面，以弘扬新时代劳动精神、劳模精神和工匠精神为主旋律，着重报道劳动模范典型事迹、大国工匠的奋斗故事，"应充分发挥劳动模范先进事迹和优秀品质的感召作用，让高职学生有机会近距离接触劳动模范、聆听劳模故事、感受劳模精神，在实践中体悟劳模精神"。另一方面，注重宣传新时代劳动和劳动者的崭新面貌，大力弘扬新时代中国特色社会主义劳动观。鼓励劳动者积极参与劳动，辛勤劳动、诚实劳动，但是也要提醒劳动者创造性劳动，不能"苦干""盲干"，广泛传播劳动科学和劳动技能，培育广大青年的劳动观念、增长才干。

二、深化高职院校在劳动教育中的主导性作用

劳动教育是高等教育人才培养体系建设的重要组成部分,更是高职院校实现立德树人根本任务的客观需要。作为开展大学生劳动教育主阵地的高校,直面劳动教育在高职院校落地过程中普遍存在的问题和瓶颈,进一步发挥劳动教育在青年成长成才中的重要作用,既能引导高职学生努力学习科学文化知识,又能教育他们坚定理想信念、提升劳动素养。因此,要发挥好高职院校的主导性作用,应注重在强化校园文化功能支撑、建立劳动教育课程依托、加强专业师资队伍建设、建构评价体系方面着力,不断推进高职院校劳动教育的规范化。

(一)发挥思想政治教育引领作用

高职院校学生劳动教育与思想政治教育在功能上相互渗透,思想政治教育注重培养高职学生的行为习惯和价值理念,劳动教育能够促进高职学生养成良好的劳动习惯、劳动技能,形成劳动最光荣、劳动最崇高、劳动最伟大、劳动最美丽的价值观。在开展劳动教育的过程中,发挥思想政治教育的引领作用,可以进一步营造崇尚劳动的良好氛围。高职院校劳动教育与思想政治教育的目标具有相关性,内容具有关联性,将劳动教育与思想政治教育相融合,深入挖掘思政课程和教学方式中蕴含的劳动教育资源,有利于加强"活性劳动知识"的学习,强化劳动教育的道德引领和精神塑造,帮助学生塑造和培养正确的劳动价值观、劳动态度、劳动品德,努力成为德智体美劳全面发展的社会主义建设者和接班人。加强思政劳育,要用好思想政治理论课堂这个主渠道、主阵地,充分挖掘思政课程中蕴含的劳育精神实质和元素,从哲学、历史、伦理道德、中外比较等多方面促进劳动教育与思政教育的融合创新,形成德育、劳育的协同效应。通过深入研究劳动、劳动教育在马克思主义理论体系和中国特色社会主义理论体系中的地位,学习习近平总书记关于劳动的重要论述,让学生深刻认识劳动的重要价值,理解劳动与人类社会发展、与中华民族伟大复兴、与劳动者个人幸福之间相互统一的辩证关系,让"劳动最光荣、劳动最崇高、劳动

最伟大、劳动最美丽"的价值引领内化于心、外化于行。

第一，充分发挥思想政治理论课的主渠道作用，融入劳动教育内容。比如，在"思想道德修养与法律基础"课程上，针对职业岗位和社会需要，以树立职业理想、提升道德品质为重点，开展就业观、劳动价值观教育，帮助学生树立尊重劳动、热爱劳动人民的情感；在"中国近现代史纲要"课程中，要紧紧围绕中华民族伟大复兴的中国梦的主题，以革命先烈的英勇事迹、中国人民的奋斗创造为重点，引导学生将个人理想与国家理想相结合，用坚持不懈的奋斗精神创造未来的辉煌；在"马克思主义基本原理概论"课程和"毛泽东思想和中国特色社会主义理论体系概论"课程上，要以马克思主义劳动价值论为重点，系统传授中国共产党人关于劳动和劳动教育的重要思想，鼓励学生积极投身中国特色社会主义建设伟大实践；在"形势与政策"课程上，要结合时代特点，融入最前沿的劳动科学技术普及教育，帮助学生树立正确的就业择业观。

第二，充分利用日常思想政治教育主阵地，全过程贯穿劳动教育。比如，新生入学教育时，抓好新生军训过程中的劳动教育，在各环节设置适当的劳动内容，让新生乐于劳动、勤于劳动；在学生成长过程中，要结合学雷锋纪念日、劳动节等重要时间节点，要求高职院校学生会、社团等学生组织，开展以劳动为主题的实践活动，矫正学生错误的劳动价值观念，树立热爱劳动、乐于奉献的价值取向；毕业生离校教育时，要针对不同专业设置不同的职业规划类劳动课程，引导学生创业就业，以马克思主义劳动观为指导，鼓励学生到基层、到祖国需要的地方去建功立业。

（二）强化校园文化功能支撑

高职院校校园文化所蕴含的价值观念、道德规范、学校传统等，是社会主义职业教育办学方向和时代精神在高职院校的集中体现。校园文化作为隐性教育资源，在日常生活中具有导向、教育、规范、激励等作用，校园文化与劳动教育的结合，可以潜移默化地将正确的劳动价值观渗透进大学生日常生活和学习中，渗透进他们为人处世的态度中。强化校园文化功能支撑，可以从以下三方面着手。

第一，让校史校训成为价值导向。校史校训是高校校园文化建设的重要内容，具有育人的重要作用。在开展入学教育时，可以将校史巧妙地融入劳动教育，如邀请学校老教授、老员工讲述在长期办学历史中为了学校发展开拓创新、奋力拼搏、自强不息的典型人物和生动案例，辅以视频、舞台剧等手段还原历史，不仅能让新生由衷产生爱校的感情，更能引领他们深刻领会劳动创造历史、劳动开创未来的道理。校训高度凝练了高职院校的办学理念和人文精神，具有指向标的作用，很多高职院校都将"自强不息""勤奋""创新"写入了校训，在不同程度上体现了"诚实劳动""创造性劳动"等劳动教育的内容。融入劳动思想、弘扬劳动精神的校训，在传播过程中潜移默化地加强了劳动教育。

第二，让身边榜样成为先进表率。高职校园从不缺乏美好动人的奋进故事，总有奋发图强的励志传奇和自力更生的勤奋楷模，这些典型榜样都是活着的劳动精神。在开展劳动教育的过程中，可以组织校园传媒人采编身边的榜样事迹，定期开展"劳动之星""劳动模范班级""文明卫生示范宿舍"等评比活动，分享优秀校友艰苦奋斗的创业故事、学生党员的默默奉献、普通学生勤奋学习的点滴，都能打造成"爱劳动"的校园文化，引导学生心系劳动、乐于劳动。大国工匠和劳动模范是劳动教育的鲜活教材，高职院校可以将电视屏幕上、橱窗展板上的大国工匠、劳动模范请进校园、请上讲台、请到大学生身边，与大学生深入交流，一同参加劳动实践，让大学生近距离地学习劳模品质，感受工匠精神。

第三，让文化活动成为重要抓手。校园文化活动不仅仅要体现学校的特色，也要营造有利于开展劳动教育的浓厚氛围。以劳动教育为主题的文化活动应该融入教育性，突出趣味性，寓教于乐，赋予大学生明确的奋斗目标。比如，在新生入学教育中融入高职院校建设史、改革史、奋斗史教育，不仅能培养新生爱校的情感，更能让他们上好劳动教育第一课，深刻领会劳动的价值；在毕业生离校教育时，利用优秀毕业生鼓励他们在工作岗位上将个人梦想与国家发展深度融合，并不懈奋斗；在日常教育教学中，开展"创新创业+劳动教育"系列活动，做好创新创业培训，孵化可行方案，激发创造潜能；在学习之余，组织学生参与志愿服务活动，培育学生公共服务意识，引导学生在服务他人的同时收获劳动的满足与快乐。

（三）建立劳动教育课程依托

建立具有综合性、实践性、开放性、针对性的劳动教育课程体系是实施劳动教育的必然要求，是培养全面发展的社会主义建设者和接班人的主要路径之一。高职院校劳动教育课程要有效融入高等学校人才培养方案，不能局限于理念层面的"喊口号"，也不能囿于单一的实践活动安排，为保障劳动教育目的的顺利实现，要为劳动教育制定科学的教学规划，设置系统的课程课时安排，确保劳动教育真正落到实处。这对劳动教育的理论教学和实践教学提出了具体的要求。

第一，在理论教学部分，要开齐开足劳动教育相关理论的必修课程。开展理论课教学，主要包括以下三方面的教育内容：一是加强马克思主义劳动观教育。利用教师课上讲授、学生课下传读经典文献的方式，使学生透彻理解劳动的创造价值以及劳动对于实现个人全面发展的重要作用，形成对劳动的系统认识，教育引导学生树立正确的择业观、就业观、创业观。二是加强劳动精神学习宣传。利用主题班会、专题讲座、主题党团日等活动，结合劳动模范和大国工匠的生动案例，引导学生把握劳模精神、工匠精神、劳动精神的深刻内涵，培养学生"幸福是奋斗出来的"理念，使学生由衷地热爱劳动。三是加强劳动科学知识教育。大学生作为社会主义现代化建设的生力军，不仅要爱劳动、会劳动，更要懂劳动。教师不仅要传授劳动科学文化知识，更要注重传授新技术、新工艺、新方法的应用，引导学生独立自主、创造性地解决实际问题。

第二，在实践教学部分，以日常生活劳动实践、专业生产劳动实践和服务性劳动实践为依托，分类规划实施。一是广泛开展日常生活劳动实践。教师、辅导员、后勤部门应帮助大学生树立良好的日常生活劳动习惯，结合校园生活，组织学生做好校园卫生保洁、文明寝室建设、勤工助学等劳动锻炼，鼓励学生独立处理个人生活事务，强化劳动自立意识。二是深入开展专业生产劳动实践。学校应该围绕人才培养目标，发挥校内外实践教育基地的劳动育人功能，深入开展"专业生产+实习实训""专业服务+劳动实践""科技创新+创新创业"的活动，满足学生多样化的劳动实践需求，提高学生在生产实践中检验学习成果、解决实际问题的能力，增强学生对劳动精神的体验感和认同感。三是积极开展服务性劳动实践。以校、院为单位，收集、整理、发布安全可靠的校内外实习岗位、志愿劳动项目招募信息，组织学生深入生产和服务一线，增强公益性劳动意识；学生管理部门要结合"三下乡""大学生志愿服务西部计划""三支一扶"等社会实践活动，引导学生扎根基层建功立业，强化主动作为的担当意识和奉献精神；创新创业主管部门要组织实施好"互联网+""挑战杯"等赛事，帮助学生积累实践经验，提升就业核心竞争力和创新创业能力。

第三，积极探索劳动教育的新形式和新途径，激发学生劳动的内在需要和动力。比如，推进第一课堂（课堂教学）和第二课堂（校内外各种实践活动及志愿服务活动）的衔接融汇，促进学生个性化、社会化、国际化发展。建构线上线下、网上网下相结合的教学模式，在"慕课"等大学生在线学习平台上打造多门体现地方特色和校园特色的劳动教育"金课"，增强劳动教育课程的互动性、趣味性和时代性。

（四）加强专业师资队伍建设

教师队伍素质直接决定高校的办学效能和育人成效，习近平总书记多次强调教师对人才培养的关键性作用，并对教师队伍素质提出了政治素质过硬、业务能力精湛、育人水平高超的具体要求，因此，多举措加强劳动教育师资队伍建设是推进劳动教育高质量发展的关键一环。

第一，建设一支专业化创新型劳动教育师资队伍。《全面深化新时代教师队伍建设改革的意见》指出,多举措加强人才队伍建设。采取多种措施,建立专兼职相结合的劳动教育师资队伍。根据学校劳动教育需要,为学校配备必要的专任教师。高等学校要加强劳动教育师资培养,有条件的师范院校开设劳动教育相关专业。设立劳模工作室、技能大师工作室、荣誉教师岗位等,聘请相关行业专业人士担任劳动实践指导教师。把劳动教育纳入教师培训内容,开展全员培训,强化每位教师的劳动意识、劳动观念,提升实施劳动教育的自觉性,对承担劳动教育课程的教师进行专项培训,提高教师劳动教育专业化水平。建立健全劳动教育教师工作考核体系,分类完善评价标准,对教师队伍的"专业化""创新型"提出规范要求。对此,一是要提升劳动教育师资队伍专业化水平。一方面,高职院校应积极组织针对承担劳动教育课程教师的专项培训活动,开展针对全体教职员工的全员培训活动,增强其劳动教育意识;另一方面,有条件的高职院校应根据实际需要,逐步加强劳动教育后备师资力量培养,致力于提升劳动教育师资队伍的专业性。二是要增强劳动教育师资队伍的创新能力。要深化校企合作,推进校企协同育人,高校可以聘请相关行业优秀的专业人士走进校园担任实践指导教师,或组织担任劳动教育课程的教师进入与其研究领域相关的基层进修、挂职,通过理论与实践的结合,及时更新其生产劳动经验,切实增强劳动教育的实效性。

第二,注重劳动教育师资队伍的师德师风建设。教师从事的是以心育心、以德育德、以人格育人格的伟大事业,所有教师都要以崇高师德为奋斗目标,达到言传身教的良好教学效果。将师德师风建设有机融入劳动教育师资队伍建设,不仅能提升劳动教育的实际效能,更能落实高校立德树人的根本任务。对此,一是要制定科学合理的职业道德规范培训标准。重视教师内在德行的培养,加强外在规范的学习,提升教师职业道德素养,强化劳动教育教师对岗位的认同感,增强敬业意识。二是要强化正向引领。邀请劳动模范进校园,设立劳模工作室、技术大师工作室、荣誉教师岗位等,面向教职员工分享他们的感人事迹,端正劳动教育教师的工作态度,提升教师实施劳动教育的自觉性和积极性。三是将师德师风纳入高校劳动教育师资队伍考核评价体系。《关于全面深化新时代教师队伍建设改革的意见》指出，高等学校教师考核评价，要突出业绩和师德考核。因此，要综合考察劳动教育课程老师的教学业绩和师德师风。高职院校可以构建上级领导评价、教师互评、学生评价等多主体综合评价模式，将考评结果按程序公开，并作为职称评定、干部任用、年度考核、评优评先的重要依据。对于师德失范的教师，要坚决实行一票否决制，做到奖惩分明、客观公正，使师德师风监督公开化、社会化、制度化。

（五）构建劳动教育评价体系

培养德智体美劳全面发展的社会主义建设者和接班人是新时代劳动教育承担的重要使命，构建科学合理的劳动教育评价体系是推动劳动教育高质量发展的关键性工作，一个高指向性和高针对性的劳动教育评价体系是培养全面发展的高素质人才的关键前提。因此，新时代推进劳动教育提质增效，对劳动教育评价体系的建构提出了更高要求。

第一，要建立家庭、学校、社会、学生相结合的联动评价机制。教育部于2020年7月印发的《大中小学劳动教育指导纲要（试行）》明确指出，劳动教育评价要以自我评价为主，辅以他评以指导学生反思改进。要在尊重青年学生评价主体地位的基础上，充分调动他们参与劳动教育评价过程的能动性和主动性，积极引导其自我认知、自我完善。因此，要建立起家庭、学校、社会、学生相结合的联动评价机制，以保障考评结果的真实性和客观性。家庭教育在劳动教育中发挥着基础性作用，在家庭中，家长应将子女在假期参加社会劳动、家务劳动的情况如实记入学生综合素质档案，并对子女自我改进、担当作为、言论合宜等情况进行客观评价，以便学校考评。高校作为实施劳动教育的主体，应承担起劳动素质培养的主要责任，高校要科学研判形势，充分把握高等教育发展规律，结合自身发展规划和战略目标，制定切实可行的劳动教育规划，设定清晰明确的各项评价指标。各项评价指标要与学校整体发展规划相适应，定期进行更新，并且要注意清楚描述质化指标和量化指标。比如，在高职院校内部，针对劳动教育教师和教学资源条件保障度，质化指标可以表述为劳动教育师资队伍不断壮大，量化指标可以设定为劳动教育专业教师每年增加多少人。在高职院校外部，针对学生和社会用人单位的满意度，质化指标可以表述为社会用人单位对学生在劳动方面的表现满意度逐年上升，量化指标可以设置为在回收的用人单位对学生的劳动表现问卷中，满意度每年增加多少百分比等。社会各界也应充分发挥劳动教育的育人功能，主动参与劳动育人评价。参与劳动教育过程的社会产业单位积极参与学校的问卷调查，根据大学生的专业能力、动手能力、解决实际问题的能力等进行综合评估，如实反馈学生的工作表现。

第二，要构建过程性评价和结果性评价相结合的良性动态评价模式。教育部印发的《大中小学劳动教育指导纲要（试行）》指出，重视劳动教育的过程监测与纪实评价，过程性评价和结果性评价相结合的动态评价模式，能够最大限度地发挥出劳动教育评价体系的育人导向和反馈改进功能。高校劳动教育的过程性评价主要包括理论教学过程性评价和实践教学过程性评价。在理论教学过程性评价方面，包括课前、课堂和课后三个阶段。课前学习时，劳动教育专业教师要注意掌握学生对教学知识的掌握情况，主要包括劳动价值认知、劳动情感态度等，还可以以学习小组为单位完成课前任务；课堂学习时，教师要在传授科学文化知识的基础上，从观点是否有创新、内容是否科学、逻辑是否严谨、结构是否完整等方面对学习小组的汇报内容进行客观评价，并及时指导学生有针对性地解决问题；课后学习时，要引导学生以组员的参与度、贡献度、小组汇报的效果为评价标准开展组员互评、小组互评。在实践教学过程性评价方面，包括日常生活劳动实践、生产劳动实践和服务性劳动实践三个层面。在日常生活劳动实践中，对学生参与后勤服务、文明寝室建设、实验室维护等方面的情况，由后勤服务总公司、实验室所在学院根据学生表现开展阶段性测评；在生产劳动实践中，定期对学生所在的实习基地进行回访，跟踪监测毕业生的劳动服务表现，由社会产业单位进行评估；在服务性劳动实践中，注重对学生参与志愿服务活动、岗位实践活动、创新创业活动的情况，由主办单位进行阶段性评价。劳动教育的结果性考核可以采取考核测验的方式，检验学生对劳动文化知识的掌握情况和对劳动价值的认知情况；或者以小组为单位，制作劳动教育课程作品，综合考评学生的动手操作能力。总之，高校要确保有专门的机构、专业的教育管理人员对劳动教育具体实施情况进行跟踪监测，及时发现劳动教育实施过程中的问题，综合分析问题产生的原因，客观反映学生劳动素养发展实际状况，提出反馈意见，为劳动教育有针对性地调整提供依据，真正发挥以评促改的效用，发挥评价体系的导向功能。

三、巩固家庭在劳动教育中的基础性作用

家庭是人生的第一所学校，家长是孩子的第一任老师，要帮助孩子系好人生的第一粒扣子。家长的思想观念、言行举止影响子女的劳动观念、劳动意识、劳动习惯的养成。重视和实施好家庭劳动教育，是做好劳动教育的基础性、源头性工作。

（一）转变劳动教育理念，端正劳动教育态度

在"学而优则仕"等传统观念和升学就业的现实压力下，许多家长有唯分数论的错误倾向，在这种教育理念的影响下，许多家长认为学习才是孩子唯一该做的事。为了给孩子创造良好的学习环境，在物质上尽量满足，在金钱上出手阔绰，虽然在一定程度上保障了孩子的物质生活条件，但也强化了孩子对家庭的依赖，致使他们崇尚的不是奋斗创造美好，而是坐享其成、一夜暴富。为此，要打破家长唯分数论的坚实壁垒，纠正孩子的价值观，就必须及时转变错误的观点，树立劳动教育新理念。

第一，家长要厘清学习和劳动的关系。只有厘清学习和劳动两者的关系，才能转变大多数家长一直以来重"智"轻"劳"的教育模式。家长应知道劳动是学习的一种途径，学习也是劳动的一种形式，而大学的学习更加注重知识在实际中的运用，孩子可以在劳动中检验知识、加深理解，并形成自己的认知。同时，在劳动过程中学会的人际交往、团结互助都会潜移默化地影响孩子的学

习和就业。学习和劳动并不是"非此即彼"的关系，而是相辅相成的。因此，在家庭教育中，家长不仅要鼓励孩子自觉参与家务劳动和社会劳动，更要引导孩子通过"吃苦流汗"正确认识劳动的价值。

第二，家长要端正对劳动价值的认知。许多家长在教育孩子要好好学习的时候，把人类劳动划分为高低不同的等级，主观建构了许多对劳动角色及其社会地位的人为偏见，以从事所谓的"低级劳动"作为孩子不努力学习的预期后果，以达到敦促孩子用功学习的目的。将劳动区分为高低贵贱的不同等级，不符合马克思主义劳动价值观。在家庭的劳动教育中，家长需要传递给孩子的是所有合法的人类劳动都应该受到同样的尊重，要帮助孩子树立"劳动光荣、创造伟大"的价值观念。

（二）融入优良家风家训，优化劳动教育内容

家庭要发挥好劳动独特的育人价值，更应注重勤劳家风的传承，要让爱劳动、会劳动、勤劳动成为家庭成员的良好习惯，让崇尚劳动的风尚成为创造家庭美好生活的奠基石。《关于全面加强新时代大中小学劳动教育的意见》明确指出："家庭要树立崇尚劳动的良好家风，家长要通过日常生活的言传身教、潜移默化，让孩子养成从小爱劳动的好习惯。"因此，用优良家风家训丰富优化家庭劳动教育的内容十分必要。

第一，将勤劳奋斗融入家庭劳动教育。司马光提出："为人母者，不患不慈，患于知爱而不知教也。"在溺爱中长大的孩子不知稼穑之艰，不晓生计之难，长大后更是不懂得独立营生，唯有"苦其心志、劳其筋骨、饿其体肤"使其意志得到磨炼，才能胜任重要职责。曾国藩在家书中强调："子侄除读书外，教之扫屋、抹桌凳、收粪、锄草，是极好之事，切不可以为有损架子而不为也。"这些对纠正社会上"拼爹""啃老"的错误观念具有积极作用。在家庭劳动教育中，要引导孩子形成良好的劳动习惯，通过劳动实践，养成亲近劳动人民的情感，强化劳动自立意识，促进健康发展。

第二，用家庭劳动教育涵养奉献精神。民族英雄林则徐在被充军的路上留下了"苟利国家生死以，岂因祸福避趋之"的千古绝唱，其告诫子女"个人生死事小，国家利益事大"的道理具有永恒不灭的传世价值。大部分家长成长于和平年代，见证过国家改革开放带来的翻天覆地的变化，更应身体力行教育引导孩子在岗位上兢兢业业、默默奉献、报效祖国，做新时代最美的奋斗者。因此，劳动教育长效机制的形成需要家长主动担起责任，自觉纠正各种错误观念，使崇尚劳动、热爱劳动成为"好家风""好门风"。

（三）打造和谐家庭环境，营造劳动教育氛围

在网络资源日益丰富的今天，生活技能和劳动知识的获取已不仅仅局限于课本和学校，海量的网络信息提供了更多的路径和方法选择。家长总是用成年人的眼光看子女的世界，把自己的劳动价值观念在有形或无形中强加给子女，只提供给子女良好的物质条件，却造成子女懒惰，不懂得感恩，不懂得珍惜劳动成果。因此，家庭应该营造良好的劳动教育氛围。

第一，家长要做好榜样示范。家长的思想和言行对于子女的劳动意识、劳动观念、劳动行为的塑造至关重要。当前在一些大学生中出现的不会劳动、不珍惜劳动成果、不尊重体力劳动者等现象，究其原因，除社会影响外，很大程度上与家长望子成龙、溺爱独生子女、轻视劳动教育有着直接关系。家长的榜样示范与学校的理论教育、说服教育不同，它不把教育的切入点停留在对抽象而深奥的理论观点的阐述和讲解上，而是通过自身的示范引导，让子女在实际生活中理解劳动、热爱劳动、善于劳动。因此，在家庭劳动教育中，家长要在端正自身劳动教育态度的基础上，与子女共同思考劳动的意义，共同探索劳动的方式方法，一起参与到劳动之中，才能使劳动教育真正深入子女的内心，达到教育目的。

第二，家长要营造良好的劳动教育环境。温暖和谐的家庭环境，对子女的健康成长尤为重要，家庭成员之间的沟通交流、理解包容，都会助推子女积极

参与家庭劳动。在消费观念上，家长要在日常生活中给子女灌输勤俭节约的传统美德，所谓"俭"，就是在消费上讲究节约、适度消费，反对铺张浪费，不压制子女的基本消费欲望，使其养成理性消费的习惯，能够自觉抵制享乐主义和拜金主义的侵蚀。当子女能够做到记账和编制预算时，可以适度地给予物质奖励，抑或是精神上的夸奖，激励子女做得更好。在家务劳动中，可以主张家人共同参与，分工合作，在营造良好家庭氛围的同时，一起打造温暖干净的家庭环境，使子女养成良好的劳动习惯和劳动意识。

（四）强化家校交流互动，完善劳动教育体系

学校劳动教育与家庭劳动教育的关系是相辅相成、互相促进、互为补充的。一方面，学生在家庭中所受到的劳动教育，促使学生养成基本的劳动习惯，掌握日常生活需要的基本劳动技能，因而接受过家庭劳动教育的学生具有更好的自我劳动意识和劳动习惯，能够更有效率地解决校内独立生活需要。另一方面，学生在学校参加劳动教育课程，能够树立正确的劳动价值观，具备系统完善的专业劳动技能，在家里参与劳动时就能自主思考并运用劳动技能，获得成就感和幸福感，从而能更加积极地参与到家庭劳动中去。

强化家庭和学校的交流与联动，不仅能引导学生将在学校所学的劳动知识运用到生活实际，还能促使学生将参与家务劳动的所感所悟与学习的劳动知识进行对比思考，促进认识与实践更好地结合，两者相辅相成，形成一个良性循环，使学生的劳动能力得到提升，同时，引导家长积极承担学生劳动教育的责任，提高劳动教育的效能。强化高校与学生家长的交流互动，引导家长转变观念，重视家庭劳动，主动配合学校的劳动教育，营造良好的居家劳动氛围，形成家庭与学校同向同行、携手育人的强大合力，对建立完善的劳动教育家校一体化协同育人机制提出了新要求。一是抓家庭劳动教育，首先要抓学生家长的劳动教育，要提升家长的综合素质，以提升家长对劳动教育意义的认同度和对劳动教育开展的配合度。二是学校的相关组织应运用各自优势，协同学校开展

针对家长的劳动教育相关知识培训以及家庭劳动教育的相关指导,并及时回收反馈意见予以整改。

四、发挥大学生自身在劳动教育中的主体性作用

教育作为外部条件,必须通过推动内因的矛盾运动,即通过促进自我教育,才能达到教育的目的。只有实现大学生自我劳动教育,充分发挥大学生自身在劳动教育中的主体性作用,引导他们将外在的教育要求内化为自己的行为准则,才能够切实提升劳动教育的实效性,真正实现大学生的主动发展、全面发展。

(一)坚定理想信念,增强主体自觉

理想,是关于社会和人生的奋斗目标,是对未来的向往和追求,是大学生成长成才的基础和动力。只有把个人的发展与社会的进步、国家的发展和人民的幸福紧密联系起来,才能更好地实现自己的人生价值。为此,青年大学生要通过持之以恒的艰苦奋斗和崇高精神的强力支撑,实现理想的追求。

第一,接续奋斗、积极创新。青春由磨砺而出彩,人生因奋斗而升华。在当今社会,奋斗是劳动的一种形式,奋斗的过程是劳动自觉的过程,更是实现个人价值的需要。广大青年学生应当坚定理想信念、接续奋斗,自觉把个人梦想融入国家理想之中。对此,青年大学生要做到以下要求:一是要强化自身知识储备,高职院校学生自主创新意识的提高有助于我国建设创新型国家,而丰富的知识水平是创新的前提条件,因而高职学生要努力学习科学文化知识,磨炼专业技能,为创新提供支撑。二是要增强实际能力,在劳动实践中锻炼劳动技能,提升实际动手操作能力。三是要改变思维方式,抵制经验主义,敢于质疑真理,用开放性的思维看待问题。

第二,要认识到劳动教育对促进自身全面发展的内在价值。大学生要充分认识到劳动教育以"劳"促"全"的价值,通过积极参与劳动教育全过程,实现自身的全面发展。劳动教育主要包括日常生活劳动、生产实践劳动、服务性

劳动等形式。青年学生参与日常生活劳动，可以培养自我服务能力，增强就业上岗过程中的适应能力；参与生产实践劳动，可以掌握一定的生产技能，积累生产经验；参与服务性劳动，可以更深层次地了解社会，深化主动作为的奉献精神，增强社会责任感。青年学生通过参与劳动教育活动，能够在具体实践中检验知识、锻炼能力、增长才干，提高综合素质，为中国梦的实现矢志奋斗。

（二）提高劳动认知，践行劳模精神

对劳动的认知是开展劳动教育的必要前提，只有树立了正确的劳动意识和劳动观念，才能促使大学生产生积极的劳动行为，才会选择用劳动创造幸福人生和美好未来。正确的劳动认知不仅需要外界的教育和引导，更需要积极自觉的自我教育。

第一，自我认知是个体发展的首要基础和适应社会的必要条件，正确的自我认知是进行正确自我教育的前提。欲胜人者必先自胜，欲论人者必先自论，欲知人者必先自知。只有正确认识自己，才能对自己采取的行动提出适当的方案，从而进行正确的自我教育。只有正确认识自己的劳动观念，才能进行正确的自我劳动教育。这就需要我们对自己的劳动观念进行深刻的剖析和反思，运用反省的方法来进行自我检验，如：我是否看不起清洁工，我是愿意身居高层、指点江山还是愿意深入生产一线汗流浃背，通过全面客观地分析自己的劳动观念，与社会主流价值观进行对比，看是否与主流的观念相一致，从而获得正确的自我认知。

第二，自我教育最为关键的一环是自我践行。不迈出自我践行这一步，自我教育就永远是镜中花、水中月。因此，高职学生对自我的劳动观念认识并不是最终目的，还需结合现实生活自我践行，端正劳动态度、培养劳动情怀，自觉抵制错误劳动价值观的侵蚀，克服眼高手低、好逸恶劳的错误倾向。劳动模范永远是时代的主题、民族的精英、人民的楷模、祖国的功臣，新时代青年大学生更要自觉践行劳模精神，崇尚劳动，推动新发展格局的形成，通过辛勤劳动、诚实劳动、创造性劳动实现对美好事物的追求，最终在全社会掀起一股劳动美丽、奋斗幸福的新风尚。

（三）培养竞争意识，端正就业观念

竞争可以发扬人的自立、自强、自主精神，调动人的内在潜能，展现自身的优势，同时能够提高个人的工作能力和社会活动能力。近年来，毕业生数量不断增多，而社会的有效需求在短期内增加有限，尤其是某些"热门"职业和岗位更是供过于求，面对这种就业形势，大学生必须树立竞争意识。

第一，树立正确的就业择业观。一方面，大学生作为直接对接劳动岗位的后备人才，必须面对就业竞争的现实，摆脱被动依赖、消极等待的心理，做好多方面的竞争准备，通过专业素质、身心素质的提高来培养雄厚的竞争实力，或通过不断学习新知识，树立自主创业的意识。另一方面，要端正就业择业观念，转变对体力劳动的偏见，改变过高的择业目标，在观念上做出相应调整，积极正确地对待每一个岗位，在职业流动中发现机会、把握机会。

第二，树立到基层去的观念。在传统的职业观念影响下，一些大学生普遍希望到政府机关、事业单位或国有大企业谋职发展，对基层岗位不屑一顾。这种择业观念显然已不能适应社会发展的需要。大学生在就业择业活动中，应考虑所掌握的主体知识的适应性及所具备的专长的扩展面，根据专业特点谋求职业，以做到专业特点与职业要求相匹配，发挥自身的专业优势，但也不能一味地提倡绝对的专业对口。就人才现状总体而言，广大的边远地区、基层和艰苦行业，人才仍然匮乏。实现第二个百年奋斗目标，关键是让大学生群体把实现自身价值、发挥自己的聪明才智放在祖国和人民最需要的地方。

（四）深入生产实践，提升劳动技能

加强大学生劳动教育，必须使大学生深入社会生产实践，深入广大人民群

众，深入中国特色社会主义伟大实践。

第一，深入生产一线，养成劳动品质。系统化的理论课程学习对于学生而言至关重要，它能够非常直接且便捷地满足学生对专业知识和高精尖技术的需求，但是若要提升学生的人格修养和综合素质，实践则不可或缺。实践过程带给学生的是对世界的"直观认识"，而非从课本接触的"间接认识"，而劳动是实践的一种具体形式，是知识和技术见之于实际的运用过程，也是提升学生思想认识的基础。大学生作为社会主义现代化建设的生力军，每年有百万大学生走向劳动岗位，他们的劳动品质不仅关系到自身的全面发展，更影响整个社会的生产效能。因此，通过实习实训、校企合作的方式使大学生走进劳动现场，深入生产一线，能够让他们自主思考、独立操作，在不断地尝试摸索中体会劳动的喜悦，认识自身的价值，塑造敬业和精益求精的劳动品质。

第二，担当岗位职责，提升专业技能。2019年9月，习近平总书记对我国选手在技能大赛取得佳绩做出重要指示强调："技术工人队伍是支撑中国制造、中国创造的重要基础，对推动经济高质量发展具有重要作用……要在全社会弘扬精益求精的工匠精神，激励广大青年走技能成才、技能报国之路。"[①]习近平的重要论述明确了劳动教育应提高学生的技能水平。大学生在生产实践中要主动担当岗位职责，将理论知识和专业技能从"知道"转化为"运用"，提升自身的劳动技能水平，增强核心竞争力。

---

① 习近平致首届全国职业技术大赛贺信[EB/OL].（2020-12-10）[2020-12-10]http://www.gov.cn/xinwen/2020-12/10/content_5568642.htm.

第四章

成都职业技术学院 劳动教育的实践探索

成都职业技术学院在学校党委、行政的坚强领导下,历来有重视德育、重视实践、重视劳动的育人传统。学校自 2011 年推行劳动教育试点改革至今,直接受益学生累计近 3 万人。经过 10 余年的探索实践,创新构建了具有成职特色的劳动教育实践体系,针对职业院校劳动教育实践管理不健全、课程设置不丰富、实践场地不多元、师资结构不均衡、考核评价不系统的问题,先后出台劳动教育试点改革、全面推进、提质培优方案,将劳动教育纳入人才培养的全过程,创新构建起了以组织管理体系、课程体系、实践基地、师资队伍、考核评价"五位一体"的劳动育人实践体系,提升人才培养质量。

第一节 "以劳育人 以行铸魂"劳动教育实践体系

成都职业技术学院针对学生劳动观念淡薄、劳动意识不强、不爱惜他人劳动成果的现实问题,于2011年试点开设"校园环境美化"劳动实践课程;2012年在全校推行,2013年升级为"服务型学习"劳动实践课程,纳入思政课实践教学管理;在实践中进一步结合高职院校特点,不断优化完善,于2018年建成"成职劳动教育实践体系";2020年劳动教育正式纳入学院人才培养方案,贯穿教育教学全过程。立足新时代,为进一步贯彻落实习近平总书记关于教育的重要论述,以中共中央国务院颁布的《关于全面加强新时代大中小学劳动教育的意见》《大中小学劳动教育指导纲要(试行)》为遵循,坚持理论教育与实践养成相结合,学院先后出台《成都职业技术学院关于深化劳动教育的实施意见》《成都职业技术劳动教育实践基地建设实施方案》《成都职业技术学院"专劳融合"课程建设方案》等系列方案制度,创新构建"五位一体"的劳动育人实践体系,确保劳动教育目标精准落实。

一、构建"五位一体"劳动教育实践体系

(一)强化顶层设计,创新构建劳动教育实践管理体系

成立由校长为主任,各职能部门负责人为委员的劳动教育指导委员会,负责劳动教育的整体规划和统筹协同,强化顶层设计;成立劳动教育指导中心(设在党委学生工作部),负责劳动教育的具体实施、全面推进。中心设置1个决策团队,设置研发培训部、综合部、质检部、项目部4个部门(均由学生担任),打破原有分院、班级组织壁垒。管理机构设置与干部的配备按照企业化的管理方式组建,参照企业运行模式,推行片区、小组工作制度(见图4.1)。

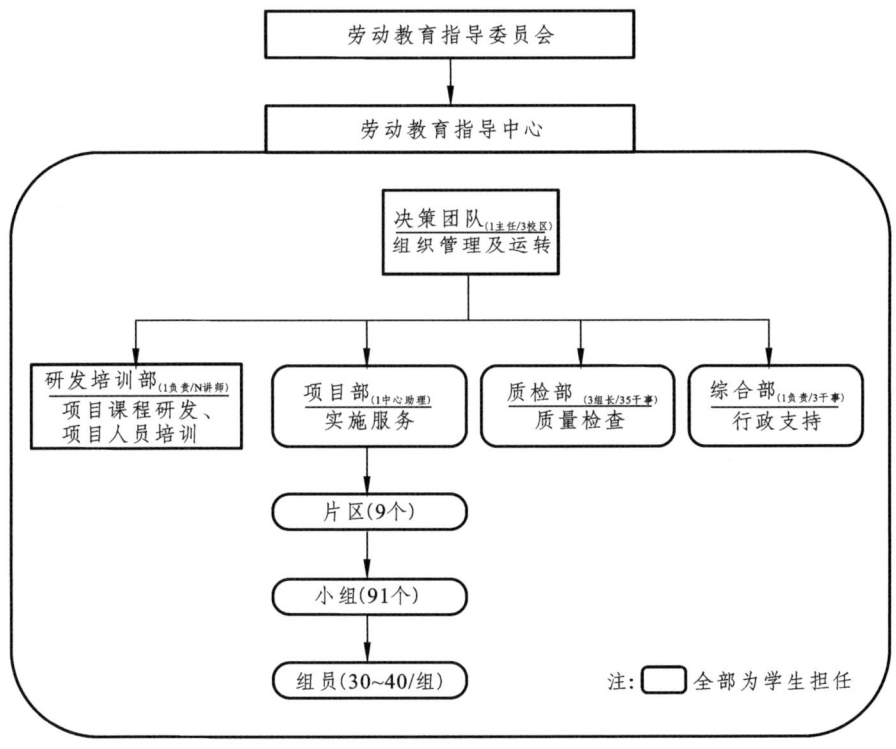

图 4.1 劳动管理体系

（二）注重知行合一，创新构建劳动教育课程体系

坚持五育并举，让"劳育"与其他"四育"相互融通，将"劳动教育"纳入学院人才培养方案，创新构建"一强化两融合三服务"劳动教育课程体系。"一强化"，开设劳动教育基础必修课，32课时/学年，共计1学分，强化劳动教育课程地位；将劳动教育主动融入思想政治理论课与专业课，实现"两融合"；对接"日常生活劳动、社会服务劳动、专业实践劳动、创新劳动"等，开设劳动实践项目，实现"三服务"。

（三）打破场域局限，创新构建劳动教育实践基地

按照《成都职业技术学院劳动教育实践基地建设方案》，紧扣职业教育特点和办学定位，围绕专业人才培养目标，按照"学校主导、学院主体、全员参与"的原则，统筹政府、行业、企业、兄弟院校劳动教育优质资源，充分利用现有实习实训基地、校企合作基地、志愿服务基地等校内外综合实践场所，创新建设了专业类劳动教育实践基地、职业类劳动教育实践基地、服务类劳动教育实践基地10个，建立健全劳动基地管理与运行机制，广泛开展校企合作、产教融合、实习实训、技能竞赛、志愿服务等劳动实践活动，满足学生劳动教育实践需要。

（四）坚持引培结合，建成高水平劳动教育师资队伍

采用引培结合的方式，一是主动与行业工匠、企业模范对接，邀请大咖进校园分享关于劳动奋斗、劳动精神、成长成才的精彩故事，同时聘请其担任学校劳动教育的客座教授或荣誉讲师；二是通过专业培训、以赛促建等方式不断提升劳动教育教师的专业素养、业务能力和教育教学水平，逐步建成了一支专兼结合的、高水平劳动教育师资队伍。

（五）补齐评价短板，构建常态化劳动教育考核评价体系

遵循"凸显价值、标准显性、内容协同、灵活高效、信息互动"原则，为突出学生劳动教育实践过程量化的考核评价体系的过程以积分制方式实施，形成《劳动教育课程体系》《实践过程量化的考核评价体系》《劳动教育实践过程量化的考核评价积分标准》等成果，系统评价劳动素养、日常生活劳动、专业实践劳动、创新创业劳动、服务劳动的达成情况。

二、推动劳动实践体系多维创新

（一）组织管理创新

学院劳动教育实践体系打破了原有分院、班级组织壁垒，推行片区、小组

工作制度，探索劳动教育的全员育人。管理机构设置与干部的配备按照企业化的管理方式组建，整个劳动教育实践项目的推进按照企业的管理模式来运行，学生融入新组建的团队，成员之间互相合作完成所认领的"服务型学习"任务，相互协作的同时提升了自身沟通、组织、管理等能力，进一步促进了学生的全面发展。

（二）课程体系创新

构建"一强化两融合三服务"劳动教育课程体系，探索劳动教育的全方位育人（见图 4.2）。强化劳动基础理论教育，将劳动教育融入思想政治教育、专业教育课程体系，对接"日常生活劳动、社会服务劳动、专业实践劳动、创新劳动"等，深化服务自我、服务社区、服务社会的"三服务"实践课程体系，全面提升劳动教育育人实效。

图 4.2 课程体系

（三）考核评价创新

构建以实践过程量化依据为评价指标的劳动教育考核评价体系，通过考核评价系统以学生自评、分院复评、学院终评形式开展劳动教育成绩认定，解决劳动教育考核评价难题，探索劳动教育的全过程育人。将学生所得劳动教育成绩纳入学生综合素质成绩。由于综合素质成绩作为评奖评优重要依据，学生参与劳动教育的成就感明显增强，推动了劳动教育过程的"知行合一"。

三、彰显劳动教育的育人功能

（一）促进学生全面发展，提升人才培养质量

自 2011 年试点实施至今，参与学生累计近 3 万人，学生从身边做起，从校园做起，在服务中学习，在服务中体验、感悟和反思做事的态度、做人的道理，加强了学生"自治、自律、自爱"的自我管理意识，加深了学生"敬业劳动、珍惜劳动、热爱劳动、崇尚劳动"的认识，使学生人文素养、综合素质得到提升，促进了人才培养质量的提高（见图 4.3）。

图 4.3 人才培养质量提升

（二）深化学校教育教学改革，增强教师科研能力

依托劳动教育实践体，发表相关论文 8 篇，如《成都职业技术学院开创"1245"模式创新思政课教学模式》；实施传统美德教育服务型学习相关课题 3 项，获得省级奖项 3 项、国家级奖项 1 个，如《借鉴"服务学习"理念，构建高职思政课理论与实践互动的教学模式研究与实践》获四川省第六届教学成果二等奖；《劳动升华、课程渗透、文化熏陶，构建完善服务型学习体系》荣获 2018 年首届四川省职业院校"奋进新时代"中华传统美德天府职教行优秀案例一等奖。

（三）激发家庭经济困难学生内生动力，形成了双路径帮扶机制

在大一劳动教育实践过程中，学校设置了组长、片区经理、中心助理等100多个岗位，并提供岗位补贴，大二困难学生优先选择，竞争上岗，除了能获得相应的勤工助学岗位补贴，学生在岗位中还能得到做什么、怎么做、怎么管等专业指导，提升了困难学生的综合素质和综合能力，形成了经济资助和非经济支持双路径帮扶机制。

（四）增强劳动观念，形成人人主动劳动的良好氛围

大力营造尊重劳动、崇尚技能、鼓励创造的教育氛围，增强学生劳动观念、劳动意识培养，珍惜劳动成果；使劳模精神、劳动精神和工匠精神成为每个学生的职业信仰；使劳动教育真正得以"入脑入心"，形成"人人主动参与、接受劳动教育"的良好氛围。

（五）打造劳动文化品牌，提升学院社会影响力

具有成职范式的"以劳育人 以行铸魂"劳动教育实践体系已然成为学院一张亮丽的名片，学院2018年荣登高等职业院校"育人成效50强"院校榜单，2019年成功入选全国职业院校学生管理案例50强，提升了学院社会影响力（见图4.4）。

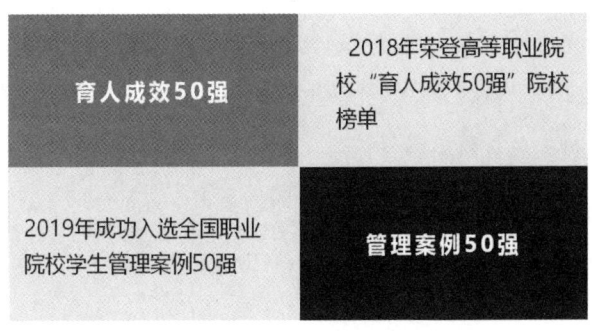

图4.4 学院名片

第二节 "一加强两融入三服务"劳动教育课程体系

为深入贯彻习近平总书记在全国教育大会上的讲话精神，落实《中共中央国务院关于全面加强新时代大中小学劳动教育的意见》文件要求，学院秉承"成都服务、服务成都"的办学定位，践行"知行合一、守正创新、爱国荣校、敬业自强"的办学理念，落实高水平院校劳动教育任务，制定《"一加强两融入三服务"劳动教育课程体系方案》。通过以学生为主体、以学院为引导、以社会为平台的课程体系建设，紧密结合经济社会发展变化和学生生活实际，把劳动育人纳入人才培养全过程，教育引导学生崇尚劳动、尊重劳动、热爱劳动，培养德智体美劳全面发展的社会主义建设者和接班人。

一、创新劳动教育课程体系构建原则

劳动教育课程体系建设过程立足学院专业人才培养、德育体系、创新创业教育体系、综合素质培养体系等育人体系实际，遵循"整体性、融合性、实践性、针对性、开放性"等原则实施建设。

1. 整体性原则

从系统性的视角进行劳动教育课程体系设计，统筹劳动教育教学目标、课程内容建设，厘清各项课程内在逻辑与重点。一是课程内容的整体性。整合零散的劳动理论知识、思想方法，让学生感知整个学习期间的劳动知识结构。二是教学组织安排的整体性。教学内容、教学方法和手段、师资队伍、教学评价等都应围绕劳动教育课程培养总目标分阶段展开，从而合理实现课程设置的整体性和课程安排的科学性。

2. 融合性原则

基于学生的学时有限性与劳动教育目标重要性，劳动教育课程体系主动融入思想政治教育体系、专业教学体系、创新创业教育体系以及综合素质培养体

系，在课堂教学、专业实训、课外活动、顶岗实习、社会实践、技能竞赛、志愿服务等方面融入劳动教育课程元素，确保劳动教育内容多而有主线，使劳动教育成为立德树人的一项重要任务，成为提高学生专业技术能力的一个重要手段，成为提升学生解决问题能力的一个途径，成为提升学生综合素质素养的一个抓手。

3. 实践性原则

劳动是实践的原型，是最基础的实践活动。劳动教育课程应以劳动体验与劳动实践为主，让学生在劳动经验中学习，在劳动过程中分析，在劳动实践中体悟，在亲力亲为中的"切肤之感"是劳动教育课程的独特价值所在。

4. 针对性原则

劳动教育课程要符合学生成长成才的发展阶段规律，结合所学专业现状要求等，制定针对性的符合专业学生发展的劳动教育目标、内容以及主题活动等，提高劳动教育的有效性，确保劳动教育目标以提高素质、促进就业。

5. 开放性原则

劳动教育课程不是单向的、静态的、封闭的，而是与周围环境相互依存、相互作用的动态开放的。一是教育场域的开放性，劳动教育不局限于课堂教学，可以是宿舍、教学场所、社区、企业等；二是课程内容的开放性，劳动教育的内容不局限于固定的内容，可根据时代形势、职业面向等不断调整更新劳动教育课程内容。

二、完善劳动教育课程体系整体架构

学院以传承劳动精神、工匠精神、劳模精神为引领，突出以劳树德、以劳育美、以劳增智、以劳强体、以劳健能的目标。劳动教育课程体系构建以泰勒原理为基本，以"知行合一、劳动升华"为主旨，结合学院人才培养的发展需求，对课程目标、课程内容、课程实施等方面进行重构，创新构建"一强化两融合三服务"劳动教育课程体系（见图4.5）。"一强化"，开设劳动教育基础必修课，32课时/学年，共计1学分，强化劳动教育课程的地位；将劳动教育主动融入思想政治理论课与专业课，实现"两融合"；对接"日常生活劳动、社会服务劳动、专业实践劳动、创新劳动"等，开设劳动实践项目，实现"三服务"。

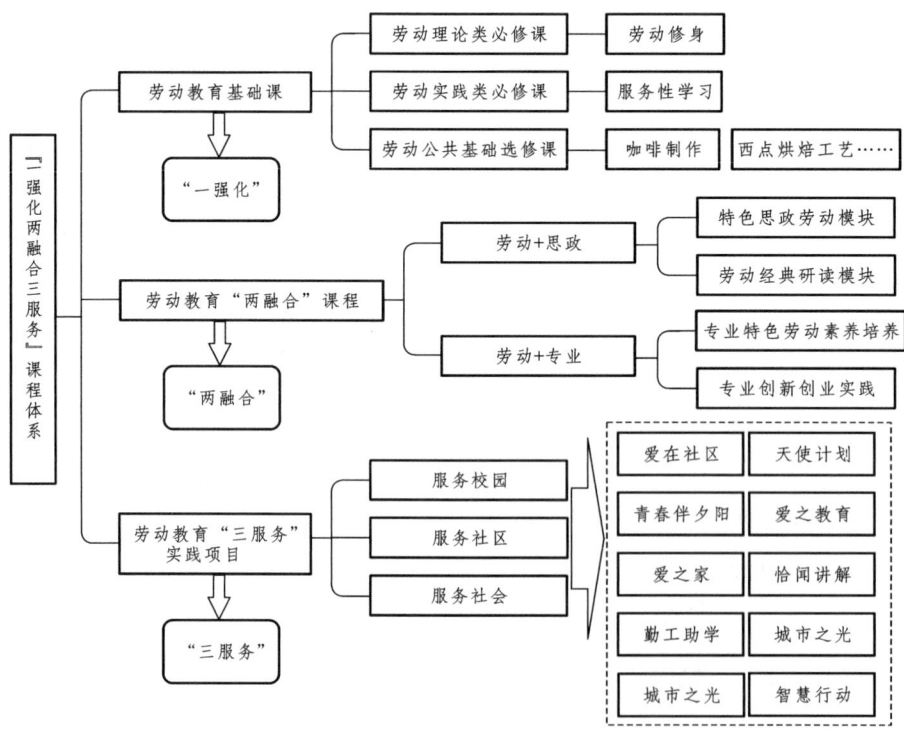

图4.5 "一加强两融入三服务"劳动教育课程体系基本架构

劳动教育基础课包括理论类必修课、实践类必修课以及公共基础选修课，引导学生"会劳动"，并设置专门的劳动修身、服务性学习的劳动必修课。将性质定为通识教育类课程的基础必修课，夯实劳动教育课程的地位。

劳动教育"两融合"课程将劳动教育融入思想政治教育与专业教育过程中，构建特色思政课程模块和特色专业教学模块，强化劳动教育的渗透性。其中，"劳动+思政"融合，通过思想理念教育，引导学生"爱劳动"；"劳动+

专业"融合，通过专业实践锻炼和专业创新创业，引导学生"能劳动"。

劳动教育"三服务"课程以服务为导向，将劳动教育融入服务校园、服务社区、服务社会的具体服务实践中，延伸劳动教育的场域，提升劳动教育的实效性。

"两融入、三服务"的劳动教育课程体系根据学生不同学段特点，坚持分层分级的原则，循序渐进地培养学生从自身的劳动行为习惯延展到对现代生产劳动的体悟和把握、从基本的劳动技能过渡到综合的劳动素养等，养成与职业生活、工作生活相匹配的劳动技能与品质（见表4.1）。

表4.1 "两融入、三服务"的劳动教育课程体系基本内容与要求

课程体系	定位	课程/活动	阶段	学时/学分	主要内容	备注
劳动教育基础课	理论必修	劳动修身	大一	16学时/1学分	以劳动哲学、劳动发展、职业劳动内涵为基本内容	
	实践必修	服务性学习	大一	32学时/1学分	以校园环境美化为劳动实践	
	公共选修	酒水知识与调酒技术	大一/大二		酒水知识与调酒	
		数码照片处理	大一/大二		数码照片处理	
		Flash动画制作	大一/大二		Flash动画制作	
		网店美工设计基础	大一/大二		网店美工设计	
		咖啡制作	大一/大二		咖啡制作	
		西点烘焙工艺	大一/大二		西点烘焙	

续表

课程体系	定位	课程/活动	阶段	学时/学分	主要内容	备注
"两融合"服务拓展课	劳动+思政	特色思政劳动模块	大一	2课时	以劳动价值观、劳动精神、劳动品质等为基本内容，渗透到特色思政课模块、劳动经典研读中	统一实施
		劳动经典研读模块	大一	2课时		统一实施
"两融合"服务拓展课	劳动+专业	"劳动+专业"融合课-特色专业课程	全过程	4课时	以劳动与经济、劳动与法律、劳动与职业、劳动与安全健康等为基本内容渗透到专业特色劳动素养培育课程	1~2门/专业
		"劳动+专业"融合课-创新创业	全过程	—	将创新劳动理念融入专业创新创业实践活动中	
"三服务"劳动实践课	服务校园服务社区服务社会	爱在社区	全过程	—	面向社区/爱心行动	
		青春伴夕阳	全过程	—	面向孤寡弱残老人/贴心暖心	
		爱之家	全过程	—	面向小动物/关注动物	
		勤工助学	全过程	—	面向校内/自力更生	
		天使计划	全过程	—	卫生健康主题	
		爱之教育	全过程	—	教育帮扶主题	

续表

课程体系	定位	课程/活动	阶段	学时/学分	主要内容	备注
		恰闻讲解	全过程	—	旅游文化主题	
		智慧行动	全过程	—	科学智能主题	
		棋乐融融	全过程	—	传统文化主题	
		城市之光	全过程	—	绿色环保主题	

三、明确劳动教育课程体系建设内容

（一）开设劳动修身理论必修课，夯实劳动教育课程地位

从科学构建德智体美劳全面培养的教育体系出发，明确劳动教育课作为一门公共必修课程，开设劳动修身必修课，进入各专业人才培养方案，规定劳动修身课 16 课时、1 学分；并将劳动修身作为一项重要的教育教学制度予以固化，确立劳动教育课程的地位。

1. 课程内容聚焦高职劳动的内涵

为增强课程的落地操作性，聚焦高职职业劳动需求，从劳动的哲学层面、发展层面、实践层面等完善劳动修身课程的内涵，引导学生认识人类劳动实践的创造本质，掌握基本劳动常识，树立正确的劳动意识，形成科学的劳动观。

（1）劳动哲学层面，突出劳动哲学思想，解读中国劳动思想的认识论、方法论，揭示劳动的本质、价值、作用，劳动同人、自然、社会、科技的内在关系等内容，明确劳动与人自由全面发展的异化与正解。

（2）劳动发展层面，以人类社会发展阶段为时间轴，分析劳动的实践形式、基本特征，产业革命的重大变化以及劳动发展的未来趋向，引导学生认识劳动发展与趋势。

（3）劳动职业层面，聚焦职业发展，涵盖劳动者在实践过程中所触及的各个方面，如劳动经济学、劳动法学、劳动社会学、劳动伦理学、劳动保障学、

劳动管理学、劳动心理学等，引导学生学会理解劳动与经济、劳动与社会、劳动与职业、劳动与法律、劳动与健康之间的关系。

2. 规范劳动教育课课程形态

按照课程建设的标准和要求加强劳动修身课建设，确保劳动课作为独立课程形态的全面实现。

（1）制定劳动修身课程标准，明确其课程性质、教学目标、教学内容、教学实施与考核评价等，为劳动修身课的开设提供基本依据。

（2）健全劳动修身课管理制度，规范劳动修身课程的过程管理，按照学生课程出勤情况、表现情况以及任务完成情况等进行评价。

（3）组建劳动修身课教学团队，设立劳动教育教研室。

（二）完善服务性学习实践必修课，强化劳动教育的实践性

以服务性学习课程为基础，要求学生必须服务32学时，才可获得1学分。让学生从身边小事做起，从校园生活环境做起，清洁教学楼、实训楼、图书馆、操场等建筑物和公共区域的环境卫生，让劳动教育全面渗透到学生日常生活中。完善服务性学习组织、服务性学习内容以及服务性学习实施过程，强化劳动教育的实践性。

（1）完善服务性学习内容体系。为强化服务性学习劳动实践的覆盖面，从公共区卫生清扫向实训室、教学楼等更大范围拓展，并进一步细化学习劳动服务质量标准。

（2）拓展服务性学习实践基地。以教学楼、实训楼、图书馆、操场等建筑物和公共区域为范围，建设3~5个校内劳动服务学习教育实践基地，作为校园常态化劳动实践场所。

（3）完善服务性学习反馈机制。为增强劳动实践的反馈性，将学期考评调整为周考评、月度考评、学期考评相结合的方式，提高服务性学习的考评周期，强化实践反馈。

（三）打造"两融合"劳动教育整合课程，强化劳动教育的渗透性

1. 打造"劳动+思政"融合课

学院扎实推进马克思主义劳动学说进校园、进课堂，深入学习习近平总书记关于劳动的重要论述，在现有思政课基础上增设如"劳模、工匠、杰出青年进校园"特色思政课，开设劳动经典研读活动，开展劳动观调研，深化学生对劳动本质的理解。

2. 打造"劳动+专业"融合课

学院将劳动教育融入专业课程，以专业教育为载体，以专业课堂教学、专业实训、专业顶岗实习为平台，推动课堂专业教学与劳动教育贯通，引导学生掌握与专业相关的生产劳动、职业劳动和社会服务劳动的基本技能，能够在劳动中运用专业知识与技能创造性地解决问题，具有技术革新和技能创新的意识。

（1）识别专业劳动教育要素，形成专业"课程劳育"的基本体系架构。识别专业课程具有的劳动属性和劳动指向，明确专业劳动教育的知识、能力、情感等教学目标，找准各专业落实"劳动情怀深厚"的人才培养目标的主要渠道，根据各门课程的教学内容和具体特点，梳理其与劳动教育有内在联系的关键点和侧重点，系统设定课程相应的劳动教育重点，力争涵盖劳动教育内容的各个方面，逐步形成专业"课程劳育"的基本体系架构。

（2）以专业群为单元，各专业群编制《专业群学生劳动素养培育方案》，明确专业群劳动素养培养目标、内涵、内容，将"课程劳育"循序渐进地融入不同阶段的学习中，有计划、有目的、分阶段地推进"课程劳育"实施。

（3）突出"课程劳育"重点课程，以实习实训课为主要载体开展劳动教育，开展技能培训、生产实习、工程训练等劳动素养训练，强化学生的实践体验，推动"课程劳育"向纵深发展。

【典型事例】

"专业融合课"建设示例

以会计专业群的融合课为例，编印《会计专业学生劳动素养》。

在"专业导论"中设置"劳动+专业"模块,突出学生从事会计工作应具备的劳动技能和劳动素养;在专业基础课"经济学基础"中增加"劳动经济学"章节;在专业实训课程中增设劳动素养养成环节,以项目化、活动式的课程模块实施。

(四)践行"三服务"劳动教育实践课程,提升劳动教育的实效性

学院开展常态化开放性劳动实践教育,构建"4+6"服务劳动实践项目,引导学生塑造良好的劳动习惯,提升劳动实践辐射影响力,提升劳动实践社会价值,形成服务型学习劳动实践品牌。

1. 4个院级服务劳动实践项目品牌

学校以校园服务、社区服务、社会服务为内容,以学院团委和学生处为组织主体,以创建并巩固"爱在社区""青春伴夕阳""爱之家""勤工助学"4个服务劳动实践项目。

(1)整合社区、街道、敬老院、福利院等公共服务资源,开发设置3~5个社区劳动服务学习教育实践基地,以月为单位常态化开展社区劳动服务实践。

(2)"爱在社区"以社区、街道、福利院为劳动实践基地,为社区人员提供技能帮助(水电维修、突发疾病救助等)、生活服务帮助(理发、家政服务等)、与社区困难家庭子女等特殊群体结对,开展精神鼓励、作业辅导、课外教育等活动。

(3)"青春伴夕阳"以敬老院为劳动实践基地,为孤寡弱残老人等提供日常服务(包括缴费、购物、读报等),与困难家族、独居老人、空巢老人、残疾居民等结对,开展精神慰藉活动。

(4)"爱之家"以流浪猫狗救助站为劳动实践基地,为流浪猫狗住所开展清洁工作,为小动物们洗澡、修剪毛发,动手帮猫狗修建狗舍等。

(5)"勤工助学"以校园勤工助学岗为基础,拓展勤工助学帮扶范围。

2. 6个分院服务劳动实践特色项目品牌

各分院结合分院专业特色,每个分院创建一个服务劳动实践特色项目,分

别为"天使计划"（医护分院）、"爱之教育"（财经分院）、"恰闻讲解"（旅游分院）、"智慧行动"（软件分院）、"棋乐融融"（棋艺学院）、"城市之光"（城建学院），引导学生结合自身专业知识技能为社区、社会提供服务，丰富劳动体验、增长劳动技能、磨炼劳动意志。

（1）"天使计划"以医护分院为组织者，以"卫生健康"为主题，在学校、社区、社会福利机构等提供卫生习惯科普、健康养生科普以及医护帮扶等服务劳动。

（2）"爱之教育"以财经分院为组织者，以"教育帮扶"为主题，与社区困难家庭子女、福利机构等特殊群体结对，开展精神鼓励、作业辅导、课外教育等活动。

（3）"恰闻讲解"以旅游分院为组织者，以"旅游文化"为主题，在学校/旅游景区/城市繁华街道为大众提供旅游讲解/景点咨询问询等服务。

（4）"智慧行动"以软件分院为组织者，以"科学智能"为主题，为少儿开展人工智能科普课程，为社区提供电脑清理、维修、软件安全等服务。

（5）"棋乐融融"以棋艺分院为组织者，以"传统文化"为主题，为社区人员提供棋文化培训与交流活动服务。

（6）"城市之光"以城建分院为组织者，以"绿色环保"为主题，宣传环保知识、认养校园绿地、对绿化用地垃圾清理等服务；清理城市牛皮癣、乱张贴等现象；提供植树、美化环境等服务。

四、建立劳动教育课程体系保障机制

（一）创新课程教学组织方式

在教学方式层面，结合劳动本身实践、行动的特质，加强体验性、合作性、探究性的教学方式，通过体验性教学实现劳动自治，培养学生生活技能、劳动习惯，树立尊重劳动、热爱劳动的意识，端正劳动态度，增强学生的家庭责任感、社会责任感;通过小组合作的方式,加强学生的交往能力、协作能力;加强以学生为中心的课堂教学,通过生活化、具体化、形象化、情趣化、问题化、思维化的内容讲解、演练,感知劳动快乐、正视劳动价值、思考劳动创新、提高劳动效率,切实达到劳动教育的预期效果。

(二)建立过程性劳动教育课程考核评价机制

劳动教育考核评价应聚焦学生参与劳动的全过程,根据学生个体差异选择个性化、多元化、动态化的评价方式,坚持劳动过程考核与劳动实绩考核相结合的原则,采取直接与间接考核评价相结合的评价方法,包括书面考试、调研报告、实习实训心得感悟、口头谈话、项目考核等,呈现量化与质化相结合的评价结果。同时,还可以利用横向与纵向评价、定期与非定期评价、当前与长远评价相结合的评价手段,增强学生劳动学习的积极性,提高劳动教育课程质量。

健全劳动教育课程考评机制,建立劳动教育课程考评结果与学生评优评先、国家奖助学金等挂钩的考核评价机制,发挥评价监测结果的示范引导、反馈改进等功能。

(三)构建多元化劳动教育课程师资队伍

建设一支结构多元、数量充足、优质高效的师资队伍,是劳动教育课程顺利开展的必备前提和关键要素。学院借助多渠道搭建一支专业化、复合型、社会型、高水平的多元化的劳动教育师资队伍。

(1)打造劳动教育专业化专职教师团队。一要成立劳动教育教研室,组建劳动教育教学团队,探索劳动教育规律,总结劳动教学经验。二是鼓励教师及时更新学科知识,能够从劳动经济学、劳动关系学、人力资源管理、劳动社会保障、劳动法与社会保障法、劳动安全、职业卫生等学科中积极汲取营养,编制出符合学院特色的劳动知识结构的理论课程。

(2)打造劳动教育复合型教学教师队伍。基于劳动教育与专业人才培养相结合,与思想政治教育相融合,充分发挥专业教师在劳动教育中咨询、指导、合作的角色定位,以专业教师和思政教师为对象,将劳动教育与师德师风建设深度互嵌,定期开展师德师风教育培训、师德楷模评选活动,打造劳动教育的"风向标"和引领者,实现师资培养与劳动教育同向同行。

(3)打造劳动教育社会型兼职教师队伍。聘请各行各业的大国工匠、劳动楷模、优秀创业者等新时代劳动者进校园,担任劳动教育课程兼职教师,形成具有丰富劳动经验的"社会型"兼职教师团队。

(4)打造劳动教育高水平指导教师队伍。以创新创业指导教师、辅导员队伍、学生管理工作者为主体,培养面向学生的劳动指导队伍,为学生提供职业规划、就业指导、劳动保障指导等多方面的指引。

(四)促进劳动教育与校园文化建设相融合

校园文化是劳动教育的重要依托,将劳动教育与校园文化建设相融合,产生润物细无声、潜移默化、无处不在的劳动价值导向作用,进而能够让学生时刻保持对劳动认知与观念的坚守、对劳动理论与实践的探索以及对劳动行为与习惯的巩固。

学院以劳模精神、工匠精神来引领新学院劳动教育,将劳动教育融入校园制度文化、行为文化、物质文化、精神文化中,建设具有成职特色的劳模工匠文化"场景圈",推动全校师生形成尊重劳模工匠、爱护劳模工匠、学习劳模工匠、争当劳模工匠的良好风尚。

制度文化上:从制度上制定劳动教育实践方案、评价标准等相关制度文件,保障劳动教育的有序实施。

行动文化上:通过持续举办劳动大讲堂、"劳动之声"故事分享会、"青春劳职"劳动实践教育活动、"劳职大能手"等劳动成果展览等一系列丰富多彩的活动,开展劳动相关主题教育,引导学生深入理解劳动的内涵,厚植劳动精神,自觉进行劳动实践。

物质文化上:依托当前的校园文化场景,打造兼具人文情怀,体现技术创新领先、劳动特色的"劳模工匠文化走廊",在学院公共区域设置劳模走廊、大国工匠走廊、教学名师展示区、优秀毕业生表彰墙等,充分发挥环境文化的美育价值、道德认同性价值、知识性价值和社会性价值。

精神文化:用好橱窗、海报、标语、报纸等传统媒体,发挥网络、微信、微博等新媒体平台的优势,打造"身边劳模""我身边的最美劳动者"等多媒体产品,广泛宣传劳动榜样人物事迹,特别是身边的普通劳动者事迹,让师生在校园里近距离接触劳动模范,聆听劳模故事,观摩精湛技艺,感受并领悟勤勉敬业的劳动精神。

第三节 劳动教育实践过程量化的考核评价体系

为深入贯彻习近平总书记在全国教育大会上的讲话精神和落实《中共中央国务院关于全面加强新时代大中小学劳动教育的意见》文件要求,促进劳动教育综合育人目标的达成,学院从劳动教育总目标出发,结合学院人才培养目标,制定本方案,系统评价劳动素养、日常生活劳动、专业实践劳动、创新创业劳动、服务劳动的达成情况。

一、建立劳动教育考核评价基本原则

劳动教育是促进学生全面发展、成长成才的有效途径,践行以劳树德、以劳育美、以劳增智、以劳强体、以劳健能,培养学生正确劳动观、弘扬时代劳动精神、提升专业劳动技能、塑造优秀劳动品质以及培养良好的非智力素质。学生劳动教育实践过程量化的考核评价体系建设遵循以下原则。

(一)凸显价值

学生劳动教育实践过程量化评价体系凸显"成都服务、服务成都"的价值导向，引导学生践行服务劳动实践，领会服务劳动理念与精神，学习服务劳动知识与技能，促进学生全面发展和可持续发展。

（二）标准显性

评价内容、评价标准以劳动行为、劳动过程、劳动成果等显现内容依据，避免过多定性描述评价，削弱单一结论性、终结性评价。

（三）内容协同

评价内容与劳动教育课程体系保持一致性，将劳动教育课程体系内容契合到评价体系中；评价标准指标与综合素质评价体系保持协同性，评价分值标准与综合素质评分标准保持统一。

（四）灵活高效

学生劳动教育实践过程量化评价能够综合运用多元性评价方式，具有灵活性；评价实施过程应操作简易，不宜烦琐、复杂，以提高评价体系的可操作性。

（五）信息互动

学生劳动教育实践过程量化评价体系以综合素质评价信息化平台为载体，实现及时评价、及时反馈、及时统计，提高评价体系的评价效率与互动性。

二、明确劳动教育考核评价内容及标准

遵循"凸显价值、标准显性、内容协同、灵活高效、信息互动"原则，为突出学生劳动教育实践过程量化的考核评价体系过程，以积分制方式实施，评价内容分为劳动基础素养、日常劳动、专业劳动、创新劳动、服务劳动五个部分。评价标准详见图4.6。

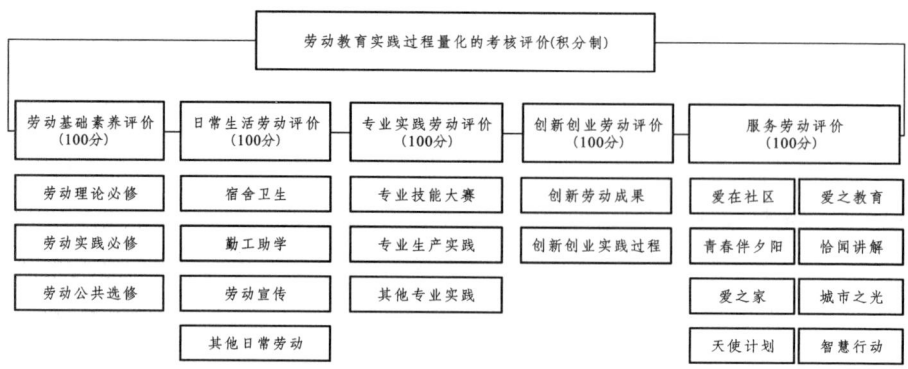

图 4.6 学生劳动教育实践过程量化的考核评价内容

劳动基础素养评价以积分方式评价劳动基础教育课程目标达成效果，以劳动修身、服务性学习劳动必修课以及劳动公共选修课的课程评价为依据，综合反映劳动价值观、劳动精神、劳动品质、劳动知识等维度。

日常生活劳动评价以积分方式评价学生在校园内关于学习生活相关日常劳动，以宿舍卫生、勤工助学、劳动宣传、其他日常劳动为评价维度，综合反映学生对基本生活劳动技能的掌握情况。

专业实践劳动评价以积分方式评价学生具备的专业劳动素养水平，以专业技能大赛、专业生产实际、其他专业实践等为评价维度，综合反映学生专业劳动成果、专业实践劳动过程参与度等。

创新创业劳动评价以积分方式评价学生具备的创新创业劳动素养水平，以创新劳动成果、创新创业实践过程为评价维度，综合反映学生创新创业成果、创新创业过程参与度等。

服务劳动评价以积分方式评价学生参加不同服务劳动实践项目行为，综合反映学生"服务校园""服务社区""服务社会"的劳动实践。

三、优化劳动教育考核评价方式和程序

（一）评价方式

劳动教育考核评价聚焦学生参与劳动的全过程，根据学生个体差异性选择个性化、多元化、动态化的评价方式，针对劳动实践行为评价和劳动素养效果评价采用不同评价方式。

劳动基础素养评价以班级为考评单位，采用劳动基础课程考评结果与学生总结自述相结合的评价手段，提升学生对劳动素养内涵的理解和认知。

日常生活劳动评价以宿舍为考评单位，采用客观记录和结果评定相结合、自我评价和宿舍小组互评相结合的评价方式，强化学生在评价过程中的反思、感悟。

专业实践劳动评价以班级为考评单位，采用客观记录和结果评定相结合、班级互评和辅导员评价相结合的评价方式，突出学生在专业实践过程中的技能提升和劳动体验。

创新创业劳动评价以班级为考评单位，采用客观记录和结果评定相结合、个人总结和辅导员评价相结合的评价方式，突出学生在创新创业过程中的感悟体验。

服务劳动评价以个人为考评单位，采用客观记录评价方式，突出学生在劳动服务过程中的具体行为和社会价值。

（二）评价程序

学生劳动教育实践过程量化的考核评价实施过程与综合素质评价实施过程一致，包括6个主要环节，具体如图4.7所示。

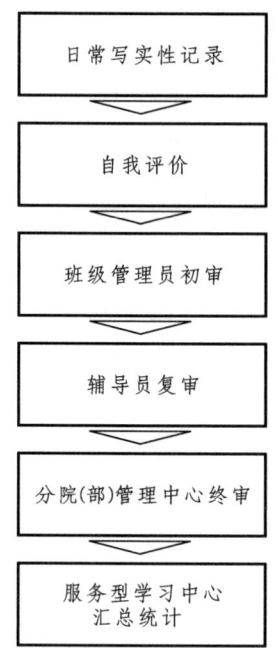

图 4.7 学生劳动教育实践过程量化的考核评价过程

1. 日常写实性记录

从一年级新生入学起，每一名学生都建立《劳动实践记录手册》。《劳动实践记录手册》属于劳动教育实践活动档案，每个人一本记录手册，记录与保存本人劳动实践活动中的主要资料、图片、成果、感悟、课程成绩以及奖励等。

在每一次劳动实践后，学生都认真参与、用心感悟，用照片记录、用文字记录一个个精彩的瞬间。每个纪念手册既是实践过程记录的小档案，又可以成为劳动实践积分评定的主要依据。

2. 学生自评

学生以《劳动实践记录手册》为事实依据，以《劳动教育实践过程量化的考核评价积分标准》为评价准则，对照评价标准填写《劳动教育实践过程量化的考核评价表》，每月 25 号前在综合素质评价平台中劳动教育评价模块上完成自评积分，自评分数只做参考。在劳动教育评价模块已评价积分的内容不得重复在其他评价模块重复申报。

3. 班级管理复审

每月 25、26、27 日各班管理员会同各班负责人初审本班学生劳动实践申请得分。各班管理员根据相关资料逐一审核学生得分，通过或退回的审核项目逐一写明原因，做好记录。在审核过程中对班级出现的非学生故意出现的错误申请情况，管理员要及时退回，并将情况汇总，于 27 日晚通知学生本人相关出错情况，要求学生当晚重新申请加分，由管理员通过并做好记录。初审须在每月 27 日晚截止。

4. 辅导员复审

各班辅导员每月 28、29 日上网复审自己所带班级学生得分，在审核过程中应做到严谨、认真。在复审中发现问题，及时核实，对于非学生故意出现的错误申请以及非项目管理员故意出现的错误审核，辅导员应立即处理，通知学生本人并要求其立即申请重新加分后告知辅导员。复审辅导员须在每月 29 日晚截止（如遇节假日，顺延至工作日）。

5. 分院（部）管理中心终审

分院（部）管理中心每月 30、31 日（或次月 1、2 日）终审当月各班通过初审和复审的学生得分申请，审核以批量审核通过为主，每月在每位辅导员所带的班级中抽查各班级，被抽查班级带本月测评相关资料到分院（部）管理中心备查；在抽查中如发现虚假申报应追究责任，严肃处理。发现非学生故意出错情况通知相关辅导员，由辅导员按具体情况处理，但不再进行重新申报。如遇节假日，顺延至工作日。

6. 服务型学习指导中心汇总统计

每学期末，各分院将审核公示的《分院学生劳动教育实践过程量化的考核评分统计表》统一提交至服务型学习指导中心，服务型学习指导中心统一归口管理学生的评价结果。

四、创新劳动教育考核评价结果运行机制

（一）纳入学生综合素质测评体系

为加强评价体系的操作性、简易性、灵活性，将劳动教育过程量化评价积分体系评价内容与学生综合素质测评体系进行对接，纳入学生综合素质测评体系，作为学生全面、主动发展的重要参照（见表4.2）。

表4.2 劳动教育实践过程量化的考核评价体系对接综合素质评价体系

评价主题	评价维度	评价内容	对接综合素质评价体系模块
劳动基础素养（100分）	劳动理论必修	根据"劳动修身"考评成绩进行评价	—
	劳动实践必修	根据"服务性学习"考评成绩进行评价	【人文素质】—【服务型学习】
	劳动基础选修	劳动基础选修课考评结果进行积分：包括酒水知识与调酒技术、数码照片处理、Flash动画制作、网店美工设计基础、咖啡制作、西点烘焙工艺等具有劳动要素的公共选修课	—
	劳动素养教育培训	主动参与劳动教育主题讲座、培训活动等	【自我提高能力】—【专业讲座】
日常生活劳动（100分）	宿舍卫生	根据宿舍评选结果进行积分	【文体素质】—【集体生活】
	勤工助学	根据勤工助学的次数进行积分	【提升职业能力】—【职场】
	劳动宣传	根据宣传报道文章数量积分	【人文素质】—【写作能力】
	其他日常劳动	担任劳动委员	【与人合作能力】—【学生干部】

续表

评价主题	评价维度	评价内容	对接综合素质评价体系模块
专业实践劳动（100分）	专业技能大赛	技能竞赛劳动成果	【自我提高能力】—【专业/公共技能大赛】
		技能竞赛劳动过程	
	专业生产实践	工学交替项目	【解决问题能力】—【专业实践】
		行业调研	【提升职业能力】—【职场】
		社会实践	【人文素质】—【社会实践】
	其他专业实践	—	—
创新劳动（100分）	创新劳动成果	创新创业大赛获奖	【创新创业能力】—【创新创业与发明】
		发明与专利成果	
	创新创业实践	创新创业参赛	
		参与创业	【提升职业能力】—【创业体验】
服务劳动（100分）	院级志愿服务活动	爱在社区	【奉献社会】—【道德实践】
		青春伴夕阳	
		爱之家	
	分院志愿服务活动	天使计划（医护分院）	
		爱之教育（财经分院）	
		恰闻讲解（旅游分院）	
		智慧行动（软件分院）	
		棋乐融融（棋艺学院）	
		城市之光（城建学院）	

续表

评价主题	评价维度	评价内容	对接综合素质评价体系模块
其他服务劳动实践		班级志愿活动	
		其他社会公益组织志愿活动或其他服务实践活动	
		义务劳动/义工活动	
		礼宾服务	【文体素质】—【礼仪服务】

（二）评优评先重要参考

将劳动教育过程量化评价结果作为评优评先、推优入党的重要参考。

（1）出台《劳动之星评比办法》等方案，评选劳动标杆和典范，劳动素养评价积分需达 350 分以上才可申报劳动之星。

（2）推优入党、优秀个人、优秀班干部等优秀个人评定，要求劳动素养评价积分需达到 300 分/学期。

五、完善劳动教育考核评价保障机制

（一）完善标准宣讲机制

学校建立劳动教育实践过程量化的考核评价体系宣讲机制，在新生入学阶段、学期总结阶段、学生评价阶段做好考核标准的宣讲，让学生们明确劳动教育实践过程要求。

（二）质量评估与诚信机制

学校建立劳动教育质量监测制度，定期开展劳动教育质量专项评估，把劳动教育纳入教学督导的工作范围。每月抽查各分院（部）一个班级，被抽查班级带上本月相关资料按通知到学生处（花源校区学生科）备查，在抽查中如发现虚假申报，将层层追究责任，严肃处理，发现的非故意出错情况通知相关分院，让分院按具体情况处理，但不再重新申报。对弄虚作假者在评优评先方面实行一票否决，性质严重的按学校制度严肃处理。

第四节　成都职业技术学院劳动教育实践基地建设

为深入贯彻落实《中共中央国务院关于全面加强新时代大中小学劳动教育的意见》《教育部大中小学劳动教育指导纲要（试行）》以及四川省教育厅等10部门联合印发的《全面加强新时代大中小学劳动教育实施方案》文件精神，充分发挥劳动教育的综合育人功能，结合工作实际，现制定《成都职业技术学院劳动教育实践基地建设方案》（下称"劳动基地"），助推学院高质量发展。

坚持以习近平新时代中国特色社会主义思想为指导，全面贯彻党的教育方针，落实立德树人根本任务，牢牢把握育人方向，培育践行社会主义核心价值观，紧密结合经济社会发展和学生生活实际，遵循高职教育规律，创新体制机制，坚持知行合一，注重教育实效，把劳动教育纳入人才培养全过程，培养学生的劳动观念、劳动技能和创新精神，引导学生全面发展。

一、明确劳动教育实践基地建设目标及任务

根据新时代劳动教育总体要求，围绕专业人才培养目标，按照"学校主导、学院主体、全员参与"的原则，统筹政府、行业、企业、兄弟院校劳动教育优质资源，充分利用现有实习实训基地、校企合作基地、志愿服务基地等校内外综合实践场所，建设一批具有职业教育特色的劳动实践基地，广泛开展校企合作、产教融合、实习实训、技能竞赛、志愿服务等劳动实践活动，满足学生劳动教育实践需要。

(一)专业类劳动教育实践基地

专业教育是高校人才培养的核心载体,也是培养大学生劳动精神、劳动能力的主要途径,有助于大学生掌握必要的劳动技能,激发探索精神、创新精神,涵养精益求精的工匠品质。各二级学院要充分结合专业特点,全面梳理现有专业实训实习基地,根据学生实际参与生产劳动情况,认定或建设一批专业类劳动基地,建立健全劳动基地管理与运行机制,组织开展好专业类劳动教育实践活动,引导大学生掌握各专业领域的新知识、新技术、新工艺、新方法,培养学生创造性劳动的意识与能力。

(二)职业类劳动教育实践基地

高职教育直接面向职业,是培养各行各业劳动者的关键一站,其人才培养的目标、内容和模式要与社会需求对接,要与各行各业对劳动者的素质要求有效衔接。各二级学院要以产教融合为路径,充分利用现有校企合作基地,围绕实际岗位职业技能和职业素养要求,认定或建设一批职业类劳动教育实践基地,依托基地广泛开展职业类劳动教育实践活动,调动并激发学生的劳动积极性,在增强工作岗位与未来社会适应能力的同时,自觉接受企业文化和职业道德的熏陶,积累职业经验,培养学生脚踏实地、苦干实干、精益求精的劳动精神。

(三)服务类劳动教育实践基地

服务型劳动是高职劳动教育的重要内容,注重利用知识、技能、工具、设备等为他人和社会提供服务,特别是在公益劳动、志愿服务中强化社会责任,培养良好的社会公德。各二级学院要将劳动教育与学生的个人生活、校园生活和社会实践有机结合起来,认定或建立一批服务类劳动教育实践基地,引导大学生自觉参与教室、食堂、校园场所的卫生保洁、绿化美化和管理服务等,通过大学生志愿服务西部计划、"青年红色筑梦之旅"、"三下乡"、青年志愿者服务等社会实践活动，培育公共服务意识，使学生具有面对重大疫情、灾害等危机主动作为的奉献精神。

二、细化劳动教育实践基地建设方案及步骤

（一）全面宣传动员

发动广大教职工集中学习，统一思想，提高认识，统筹规划和部署"劳动教育实践基地"建设任务，力争建成一批劳动教育实践基地。

（二）精心统筹谋划

根据劳动基地建设方案，充分调研、全面梳理现有专业实习实训基地、校企合作基地、志愿服务基地等校内外综合实践场所，建立健全劳动基地管理与运行机制，为劳动基地的建设奠定坚实基础。

（三）扎实有序推进

在充分调研和全面梳理的基础上，建成一批职教特色鲜明的劳动教育实践基地，进一步总结凝练劳动基地建设经验和建设成果，推动学校、企业、社会三大教育场景的融合，形成"三轨同步"的劳动教育立体空间格局和劳动价值追求。

三、强化劳动教育实践基地建设过程管理及保障

（一）强化统筹协调

各二级学院要按照学校总体安排，强化统筹协调，落实劳动教育实践基地建设工作，重点研究制定挖掘用好各专业特色，打造品牌。劳动教育实践基地建设的主体责任在二级学院，是提升人才培养质量的重要抓手。各二级学院应

明确其在基地建设中的具体责任，结合专业特色，及时出台劳动教育基地建设的专项方案，明确指定专人负责基地建设的运行和管理。

（二）强化督导考核

学校将对劳动教育实践基地建设、各劳动基地的活动开展、运行机制、保障措施等情况进行督导考核，鼓励各二级学院充分利用社会各界的人才资源，聘请行业时代楷模、劳动模范、知名工匠、技术能手等组建基地教师团队，加强基地师资保障。

（三）强化宣传引导

通过多种渠道，依托劳动教育实践基地，持续深入开展劳动精神、劳模精神、工匠精神等实践活动，让学生积极投身工艺升级、技术革新、发明创造，形成劳动不分贵贱，行行出状元的劳动观念，提升精益求精的工匠精神，养成爱岗敬业的劳动态度。

第五节　打造中华传统美德服务型学习体系

中华传统美德是中华文化的精髓，是新时代高职院校立德树人，培养大国工匠的重要内容之一。习近平总书记在2018年全国教育大会上强调："培养德智体美劳全面发展的社会主义建设者和接班人""要在学生中弘扬劳动精神，教育引导学生崇尚劳动、尊重劳动"。[①] "劳动"能磨炼人、造就人，是践行中华传统美德教育的载体和途径，也是培养高素质技术技能型人才的重要举措。

---

① 习近平在全国教育大会上的讲话[EB/OL].（2018-09-10）[2018-09-10]http://www.moe.gov.cn/jyb_xwfb/s6052/moe_838/201809/t20180910_348145.html.

目前，高职院校在德育教育中开展了形式多样、各具特色的中华传统美德教育，取得了显著成效，但也存在需要共同实践探讨的问题：一是"产教融合"下的传统美德教育的场域问题；二是"德技并重"下的传统美德培养路径问题；三是"知行合一"下的传统美德教育机制问题。

中华传统美德教育服务型学习体系的构建与实践突出了学校中华传统美德教育方式的创新性、机制的长效性、内容的针对性、成果的实效性，让中华传统美德教育融入学生人才培养的各个领域，延伸至学生学习生活的各个方面，促进中华传统美德内化于学生崇尚劳动以及敬业意识、责任意识、协作意识、领导意识、奉献意识、环保意识中，外化于学生服务自我、服务他人、服务集体、服务社会的实践中。

一、顶层统筹，构建中华传统美德服务型学习体系

学校面向成都现代服务业，坚持"德技并重、知行合一、生活锤炼"，将"教育即生活"的理念融入"工匠精神"培养，围绕"服务自我、服务他人、服务集体、服务社会"，提出了"崇尚劳动，君子六'意'"的传统美德教育目标，以"文化熏陶、课程渗透、劳动升华"的传统美德教育为主线，实施了"1+3+3+N"的传统美德教育服务型学习实践工程，构建了"三融合"的传统美德教育服务型学习课程，打造了成都文化特色的"一馆一讲"传统美德教育服务型学习空间，形成了具有行业和区域特色的中华传统美德服务型学习体系（见图4.8）。

学校将中华传统美德教育服务型学习贯通人才培养全过程，根据学生的不同阶段安排不同的学习内容，实现从学校到社会的进阶式培育。大一阶段，学生以服务自我、服务他人、服务集体为主，重点培养学生敬业、诚信、协作、环保意识，学生每学期必须参加校内不少于60个学时的服务型学习，记1个学分；大二、大三阶段，学生以服务他人、服务社会为主，重点培养学生领导、

奉献意识，要求学生走出学校参与社区服务、志愿者服务等公益活动不少于50学时。

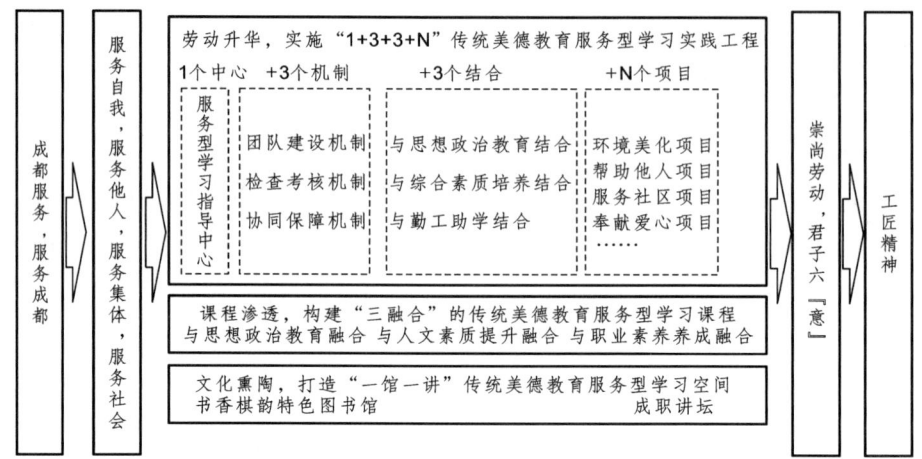

图 4.8 中华传统美德教育服务型学习体系

二、劳动升华，实施传统美德教育服务型学习实践工程

学校制定了《关于深化学院服务型学习的实施意见》《深化服务型学习实施方案》《服务型学习内涵课程开发管理办法》等一系列制度，面向全体学生统筹实施"1+3+3+N"的传统美德教育服务型学习实践工程。

（一）成立1个中心，推行片区、小组工作制度

学校在以校长为主任，各职能部室负责人为委员的服务型学习指导委员会下设服务型学习指导中心，具体实施推进服务型学习工作。中心设置1个决策团队，4个部门（研发培训部、综合部、质检部、项目部），推行片区、小组工作制度（见图4.9）。

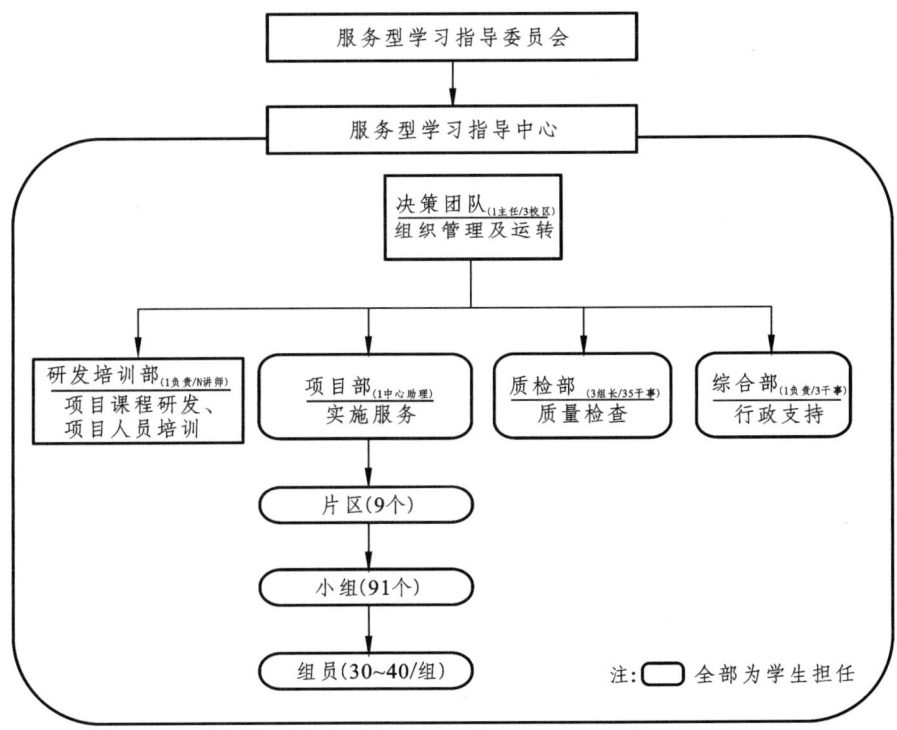

图 4.9 服务型学习指导中心组织编制

其中，决策团队编制 4 人，负责统筹中心组织运作；研发培训部设 1 个负责人以及多名讲师，负责项目课程研发以及项目人员培训；综合部设 1 个负责人、3 名干事，负责中心行政事务、财务、采购、宣传等工作；质检部设 3 个组长、35 名干事，负责服务型学习质量检查工作；项目部根据校区规模划分为 9 大片区、91 个学习小组、每组 30~40 人，负责具体的服务项目实施。

（二）建立"3 个机制"，提升服务型学习实效

（1）团队建设机制，增强意识。打破分院、专业、班级建制的团队格局，对大一新生随机分配，组建混编小组，更大限度地促进学生跨专业融合，培养学生协作意识。采用"竞聘定岗、见习培养、岗前培训"的方式选拔片区负责人、小组长，并由人事处、教务处、思政部、后勤产业部组成的学习讲师团共

同对学生进行岗前培训，更大限度地加强学生综合能力培养，培养学生敬业意识、领导意识、奉献意识。

（2）检查考核机制，强化效果。制定《服务型学习质量标准》，形成《服务型学习任务分配表》，采用"每节课督导+每日检查+每周统计+每月考核+年度考核"检查考核方式，确保服务型学习实践效果。

（3）协同保障机制，合力推进。在《深化服务型学习实施方案》等文件中明确各职能部门职责，形成以服务型学习指导委员会统筹，院团委督查，教务处、思政部记录学分，计财处、后勤处、物管中心提供资金、工具、技术保障，分院（部）、学生处宿管科具体配合的协同工作机制，合力推进服务型学习各项工作开展。

（三）实施"3种结合"，外延服务型学习教育的内涵

学校将传统美德教育服务型学习与思想政治教育、综合素质培养、勤工助学等结合，不断深化贯通到学校教育教学和人才培养体系中，丰富传统美德教育服务型学习内涵，让服务型学习机制更健全。

（1）与思想政治教育结合。将服务型学习环境美化课程纳入思想政治理论课学分管理，是思想政治理论课实践教学的重要组成部分。服务型学习年度考核结果，服务型指导中心复核后，思政部记录1学分，不合格学生重修。

（2）与综合素质培养结合。将服务型学习纳入学生综合素质培养管理考评系统。每月完成服务型学习项目内容，经评估考核合格可计3分，并进入学生综合素质测评系统。

（3）与勤工助学结合。服务型学习中心设置了103个勤工助学岗，对贫困生实施经济资助和非经济支持"双路径"的精准帮扶。经济资助上根据帮扶学生的岗位出勤、表现等考核结果，发放岗位基本补贴、绩效补贴、浮动补贴；非经济支持上践行"成职领航"行动，对岗位帮扶学生进行思想引导、能力培养等。

（四）践行"N 个项目"，拓展服务型学习实践内容

在"教育即生活"理念下，围绕学生校内生活与校外生活不断丰富与拓展服务型学习实践项目内容。校内服务型学习实践内容以美化环境项目为主，取消物业保洁，500 余亩（约 0.33 平方千米）校园的教学楼、实训楼、图书馆、操场等建筑物和公共区域的环境卫生，让学生从身边小事做起，从校园生活环境做起。校外服务型学习实践以志愿者服务、社区服务为主，设计了"服务社区、锻炼自我""帮助他人、感悟自身""奉献爱心、感悟幸福"等实训项目，推进学生社区志愿服务全员参与，走向社会。服务型学习实践项目让学生置身于现实生活中学以致用，促使学生在服务中把课堂所学知识迁移到实际生活中，让传统美德在服务型学习实践劳动中得以体验、内化（见图 4.10）。

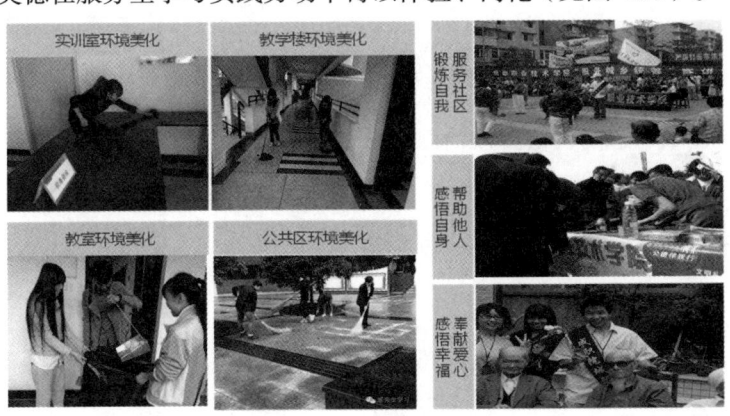

图 4.10　服务型学习校内外实践项目（示例）

三、课程渗透，完善"三融合"传统美德教育服务型学习课程

围绕"崇尚劳动，君子六'意'"的育人目标，从课程标准、课程教材、教学过程上将传统美德教育内涵融入思想政治课程、融入人文素质提升课程、融入职业素养提升课程中，提升学生对中华传统美德价值、精神、意识、行为等层面的认识，为中华传统美德教育服务型学习实践提供具体指引（见图 4.11）。

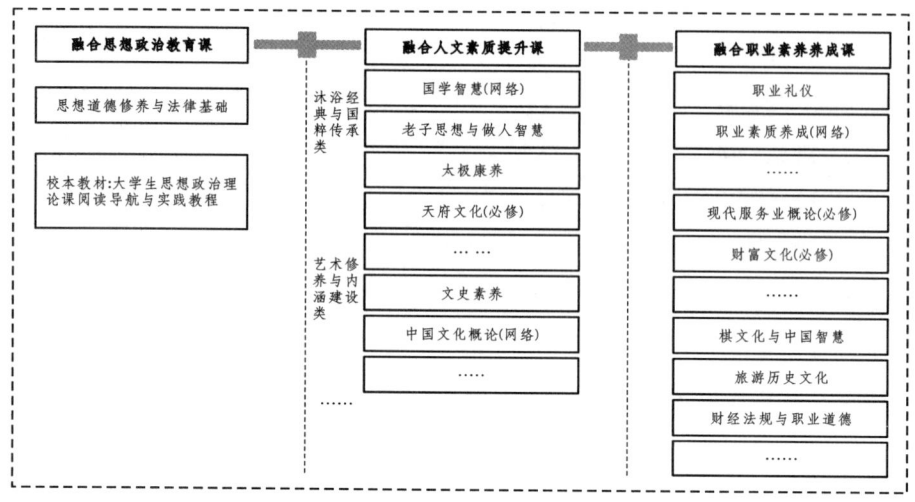

图 4.11 "三融合"的传统美德教育服务型学习课程

将传统美德教育与思想政治课程融合,在思想政治教育理论课的基础上以围绕学生、关照学生、服务学生为主线,编写了《大学生思想政治理论课阅读导航与实践教程》,作为辅助服务型学习实践的教材(见图 4.12)。

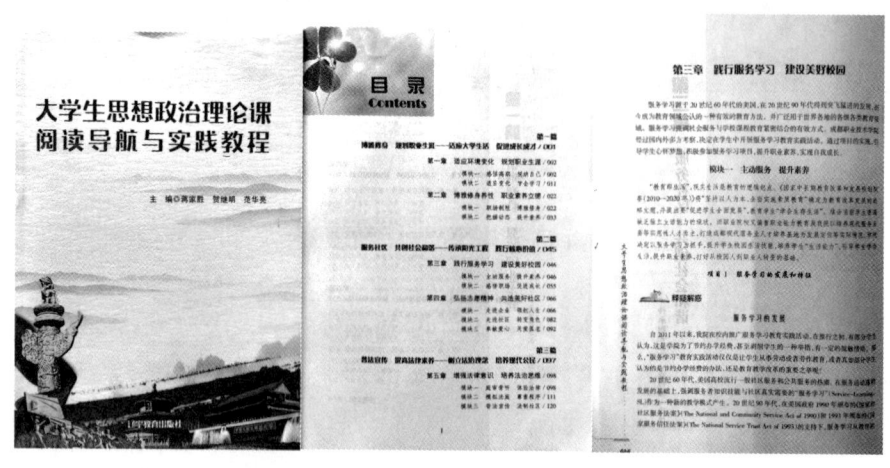

图 4.12 中华传统美德教育——服务型学习实践辅助教材(示例)

将传统美德教育与人文素质提升课程融合，新设了天府文化、财富文化公共必修课，优化了国学智慧、太极康养等 10 余门课程，形成了沐浴经典与国粹传承类、艺术修养与内涵建设类两大类公共选修课。如在"财富文化"课程中，尊重财富本身应有的发展规律，并在运用和分配财富的过程中注重人文道德的建设，倡导勤劳俭朴的传统美德。

依托学校各专业，将传统美德教育与职业素养养成课程融合，增设现代服务业概论公共必修课，优化棋文化与中国智慧、财经法规与职业道德等专业核心课 12 门，建成职业素质养成等网络课程 4 门。如：在"棋文化与中国智慧"课程中，挖掘棋文化中蕴含的团结协作意识以及"求索创新"的棋艺精神的融合点；在"现代服务业概论"课程中，在讲授现代服务业知识的时候，从人文角度挖掘服务行业优秀专家、学者、人物的求索创新、刻苦钻研、敬业奉献等精神品质，以达到立德树人的目的。

四、文化熏陶，打造"一馆一讲"传统美德教育服务型学习空间

学校将中华传统美德教育与校园文化育人有机结合，重点打造了"一馆一讲"（书香棋韵特色图书馆、成职讲坛）的中华传统美德教育服务型学习空间，以给学生创造一个传统美德教育服务型学习实践文化滋养的氛围。

"一馆"——书香棋韵特色图书馆，是纵览巴蜀文化特色中华传统美德的主要场所。依托棋艺学院专业资源和图书馆馆藏资源，以"琴""棋""画"等元素装点，打造了"琴棋书画"文化墙；融入巴蜀地方特色文化，打造了"蜀地蜀风"文化体验区；以经典古籍"四书""五经"内容，打造了"天书"文化长廊；以成都棋牌文化为重点，打造了"琴筝幽韵、棋界乾坤、黑白对决"于一体的棋艺文化体验馆；增设了以颜氏家训、曾国藩家书、朱子家训等为内容的"家风家训"主题阅读专区（见图 4.13）。

图 4.13　书香棋韵特色图书馆

"一讲"——成职讲坛,面向全院师生,以"交流学术启心智,传播文化育人文"为目标举办大型系列讲座,是巴蜀文化特色中华传统美德传播与交流的主要渠道。举办了"蜀汉三国""巴蜀民风""人格修养与价值共建"等主题讲座,听众人数达到 5 万余人次。如四川杜甫研究学会会长张志烈教授的"唐诗与成都文化"、易中天先生的"儒家仁学结构与人类共同价值"、电子科大罗大明教授分享的"价值观漫谈"等讲座,在师生中引起了强烈反响。

参考文献

[1] 马克思恩格斯选集：第 2 卷[M]. 北京：人民出版社，1995.

[2] 中共中央马克思恩格斯列宁斯大林著作编译局. 马克思恩格斯文集：第 8 卷[M]. 北京：人民出版社，2009.

[3] 高放. 马克思恩格斯要论精选[M]. 北京：中央编译出版社，2016.

[4] 马格斯，安格尔斯. 共产党宣言[M]. 陈望道，译. 上海：上海社会主义研究社，1920.

[5] 毛泽东. 毛泽东选集：第 2 卷[M]. 北京：人民出版社，1991.

[6] 毛泽东. 毛泽东选集：第 3 卷[M]. 北京：人民出版社，1991.

[7] 毛泽东. 毛泽东选集：第 5 卷[M]. 北京：人民出版社，1977.

[8] 人民教育出版社. 毛泽东论教育[M]. 3 版. 北京：人民教育出版社，2007.

[9] 中共中央文献研究室. 建党以来重要文献选编：一九二一——一九四九：第 11 册[M]. 北京：中央文献出版社，2011.

[10] 中共中央文献研究室. 建党以来重要文献选编：一九二一——一九四九：第 26 册[M]. 北京：中央文献出版社，2011.

[11] 李大钊. 李大钊选集[M]. 北京：人民出版社，1959.

[12] 何东昌. 中华人民共和国重要教育文献：1949—1975[M]. 海口：海南出版社，1998.

[13] 毛礼锐，沈灌群. 中国教育通史（第五卷）[M]. 济南：山东教育出版社，1988.

[14] 陈元晖. 中国现代教育史[M]. 北京：人民教育出版社，1979.

[15] 杨天平，黄宝. 中国共产党教育方针 90 年发展研究[M]. 重庆：重庆大学出版社，2015.

[16] 李蔺田，王萍. 中国职业技术教育史[M]. 北京：高等教育出版社，1994.

[17] 习近平在全国教育大会上发表重要讲话[EB/OL]. http://www.xinhuanet.com/politics/2018-09/10/c_1123406247.htm.

[18] 习近平在中央党的群团工作上的讲话[EB/OL]. [2015-07-08]. http://cpc.people.com.cn/n/2015/0708/c64094-27269059.html.

[19] 习近平在文艺工作座谈会的讲话[EB/OL].（2014-10-15）.http://culture.people.com.cn/n/2015/1015/c87423-27699235.html.

[20] 习近平致首届全国职业技术大赛贺信[EB/OL].（2020-12-10）.http://www.gov.cn/xinwen/2020-12/10/content_5568642.htm.

[21] 中华人民共和国中央人民政府. 中共中央 国务院关于全面加强新时代大中小学劳动教育的意见[EB/OL].（2020-03-26）.http://www.gov.cn/zhengce/2020-03/26/content_5495977.htm.

[22] 教育部. 国家中长期教育改革和发展规划纲要（2010—2020 年）[EB/OL].（2010-07-19）.http://www.moe.gov.cn/srcsite/A01/s7048/201007/t20100729_171904.html.

[23] 中共中央 国务院关于全面深化新时代教师队伍建设改革的意见[EB/OL].（2018-01-20）http://www.gov.cn/zhengce/2018-01/31/content_5262659.htm.

[24] 教育部关于印发《大中小学劳动教育指导纲要（试行）》的通知[EB/OL].（2020-07-09）http://www.moe.gov.cn/srcsite/A26/jcj_kcjcgh/202007/t20200715_472808.html.

[25] 王宏泽. 数说中国|从一穷二白到世界第二大经济体[EB/CD]. https://politics.gmw.cn/2019-12/13/content_33400996.htm.

[26] 国务院印发《中国教育改革和发展纲要》[N]. 人民日报，1993-02-27（2）.

[27] 中共中央，国务院. 关于印发《关于教育工作的指示》[N]. 人民日报，1958-09-20（1）.

[28] 中共中央,国务院. 关于教育体制改革的决定[N]. 人民日报,1985-05-27(2).

[29] 毛泽东. 关于正确处理人民内部矛盾的问题[N]. 人民日报,1957-06-01(1).

[30] 刘向兵. 建党百年来的劳动教育探索[N]. 中国劳动保障报,2021-10-30(3).

[31] 丁文杰. 1949—1989 年：劳动教育的演变历程及特征[D]. 临汾：山西师范大学，2015.

[32] 何静. 新时代大学生劳动教育的现状与实践路径研究[D]. 成都：西华大学，2021.

[33] 于丽焦. 新时代大学生劳动教育研究[D]. 海口：海南师范大学，2021.

[34] 高婷. 高职院校劳动教育实现现状与策略研究——基于长沙市五所高职院校的调查[D]. 长沙：湖南师范大学，2021.

[35] 孙延乔. 习近平关于劳动教育重要论述的思想内涵及其当代价值[D]. 长春：东北师范大学，2020.

[36] 邹南芳. 新中国成立以来劳动教育政策嬗变研究[D]. 重庆：西南大学，2021.

[37] 赵雯洁. 马克思教育与生产劳动相结合思想研究[D]. 太原：太原科技大学，2021.

[38] 费艳阳. 毛泽东劳动教育观的文化渊源、历史演进及实践效应[D]. 临汾：山西师范大学，2018.

[39] 李建楠. 新中国成立以来中国共产党劳动教育思想演变与发展研究[D].长春：吉林大学,2021.

[40] 邓小平. 在全国教育工作会议上的讲话[J]. 人民教育，1978（Z1）.

[41] 教育部. 教育部关于印发《基础教育课程改革纲要（试行）》的通知[J]. 中华人民共和国国务院公报，2002（12）.

[42] 中共中央宣传部. 关于高小和初中毕业生从事劳动生产宣传提纲[J]. 人民教育，1954（6）.

[43] 中国教育改革和发展纲要[J]. 江苏教育，1994（Z1）.

[44] 刘向兵，张清宇. 中国共产党建党百年以来对劳动教育的探索[J]. 国家教育行政学院学报，2021（7）.

[45] 刘向兵，曲霞. 党史百年历程中劳动教育的功能及其实现[J]. 教育研究，2021，42（10）.

[46] 刘向兵，谢颜. 劳动教育在党的教育方针变化中的历史演变与现实启迪[J]. 中国人民大学教育学刊，2021（3）.

[47] 刘向兵,张清宇. 中国共产党建党百年以来对劳动教育的探索[J]. 国家教育行政学院学报,2021(7).

[48] 刘向兵. 深入贯彻党的十九届五中全会精神 全面推进高校劳动教育[J]. 中国高等教育,2020(24).

[49] 曲霞,刘向兵. 新时代高校劳动教育的内涵辨析与体系建构[J]. 中国高教研究,2019(2).

[50] 刘向兵. 新时代高校劳动教育的新内涵与新要求——基于习近平关于劳动的重要论述的探析[J]. 中国高教研究,2018(11).

[51] 刘向兵,李珂,彭维峰. 深刻理解新时代加强劳动教育的重大意义与现实针对性[J]. 中国高等教育,2018(21).

[52] 刘向兵. 回归、贯通与升华:中国共产党百年劳动教育史的现实启迪[J]. 中国高等教育,2021(24).

[53] 李珂,曲霞. 1949年以来劳动教育在党的教育方针中的历史演变与省思[J]. 教育学报,2018,14(5).

[54] 成有信. 论教育和生产劳动相结合的实质[J]. 马克思主义研究,2005(1).

[55] 刘燚,张辉蓉. 建党百年来劳动教育的历史变迁与反思展望——基于教育方针分析的视角[J]. 国家教育行政学院学报,2021(4).

[56] 郑程月,王帅. 建国70年我国劳动教育的演进脉络、时代内涵与实践路径[J]. 当代教育科学,2019(5).

[57] 胡斌武,沈紫晴. 劳动教育研究70年:回顾与展望[J]. 浙江工业大学学报(社会科学版),2019,18(4).

[58] 黄黎明,顾春华,马前锋. 我国劳动教育发展的时空转向与未来展望[J]. 职业技术教育,2020,41(10).

[59] 刘茜,张超. 我国劳动教育研究70年的回顾与展望[J]. 黑龙江教师发展学院学报,2020,39(6).

[60] 祁占勇. 新中国成立70年来我国劳动教育政策的价值选择及其变迁[J]. 国家教育行政学院学报,2019(6).

[61] 张鹏飞，高盼望. 新中国成立以来劳动教育政策的变迁与展望[J]. 当代教育科学，2020（2）.

[62] 宋乃庆，王晓杰. 新中国成立以来我国劳动教育政策发展：回眸与展望[J]. 思想理论教育导刊，2020（2）.

[63] 王飞. 新中国劳动教育70年回顾与展望[J]. 教育史研究，2019，1（3）.

[64] 古光甫，邹吉权. 中国共产党建党百年来劳动教育：政策变迁、时代内涵及实施路径[J]. 职教论坛，2021，37（6）.

[65] 吴叶林，潘洵. 延安时期中国共产党高校劳动教育的构建逻辑与实践启示[J]. 西南大学学报（社会科学版），2021，47（3）.

[66] 周兴国，曹荣荣. 新中国的劳动教育：观念演变与发展[J]. 中国教育科学，2020（3）.

[67] 周继良，吴肖. 寻根问路：中国共产党对高校劳动教育的百年探索与经验启示[J]. 重庆高教研究，2021（5）.

[68] 孙振东. 不应把马克思主义教劳结合思想简单化[J]. 现代教育论丛，2021（6）.

[69] 檀传宝. 劳动教育的概念理解：如何认识劳动教育概念的基本内涵与基本特征[J]. 中国教育学刊，2019（2）.

[70] 刘军豪. 新时代中小学劳动教育师资队伍建设的困境与突破[J]. 河南科技学院学报，2020（10）.

[71] 赵健杰，刘向兵. 论新时代高校劳动教育的课程建设[J]. 北京教育，2020（2）.

[72] 储佳佳，谢卫军，班乃明. 关于构建新时代高校劳动教育实施体系的思考[J]. 才智，2021（8）.